science・i

正しい筋肉学

メリハリある肉体美を作る
理論と実践

岡田 隆

SB Creative

はじめに

　人間の命は内臓の動きによって保たれています。そして、骨格が内臓を守り体格を維持しています。人間の体は200の骨の正確な組み合わせによって構成されているのです。

　では、なぜ私たちは体を自由に動かすことができるのでしょうか？それは骨と骨をつなぐ骨格筋の存在があるからです。脳からの指令によって筋肉が収縮と弛緩を繰り返すことによって、立ち上がる、歩く、物を持つという複雑な動作が可能になるのです。骨に付着して体を動かす骨格筋は400に上ります。

　大切な骨格筋にはそれぞれの特徴があります。大きな筋肉、細長い筋肉、大きなパワーを発揮する筋肉、ずっと力を出し続ける筋肉など……。本書の第一の目的は、ひとつひとつの筋肉の性格を知ることで効率よくトレーニングを行い、メリハリのある引き締まった肉体を造り上げることです。

　そのために大きく2つの章に分けました。ひとつは女性用で、メリハリのあるすっきりとしたプロポーションを造ることを念頭に置いています。そして、もうひとつは男性用とし、筋肉を大きく見せ逞しい肉体に鍛え上げることを目指しています。

　本書には大きな特徴があります。それはメリハリのある体を作るために、ふたつの隣り合った筋肉を鍛えるという提案です。

　既存の本では6パックを際立たせるために腹直筋のトレーニングを推奨することがほとんどですが、本書では腹直筋とあわせて外腹斜筋のトレーニングを勧めています。外腹斜筋が発達することで、より陰

影のある立体的な6パックが完成するのです。

　また、骨格筋がパワーアップすることは健全な生活に直結します。元気にはつらつと暮らすためには筋力の充実が欠かせないテーマとなります。ぜひ、効率的でケガのないトレーニングに本書を役立てていただきたいと願ってやみません。

2017年8月　岡田 隆

●著者プロフィル
岡田　隆（おかだ　たかし）
1980年1月6日生まれ。愛知県出身。日本体育大学体育学部准教授。理学療法士、日本体育協会公認アスレティックトレーナー、NSCA CSCS、日本トレーニング指導者協会認定上級トレーニング指導者（JATI-AATI）。2015年および2016年、文部科学省からスポーツ功労者顕彰を受ける。2016年、リオデジャネイロオリンピックでは柔道全日本男子チームの体力強化部門長を担当。自らも現役アスリートとしてボディビル競技に参戦しており、2016年には第50回日本社会人ボディビル選手権大会で優勝している。また骨格筋評論家バズーカ岡田として、さまざまなメディアに出演。『2週間で腹を割る！4分鬼筋トレ』（アチーブメント出版）、『バズーカ式「超効率」肉体改造メソッド』（池田書店）、『HIIT体脂肪が落ちる最強トレーニング』（サンマーク出版）など著書多数。
公式ブログ「筋肉道」https://ameblo.jp/takashi-okada/

目次

第1章 筋肉を知る … 9

人間の体❶
人間の筋肉 … 10

人間の体❷
人間の骨格 … 12

骨格筋は骨に付着して関節を動かす役割を担う … 14

骨格筋の構造と筋肉が収縮する仕組み … 16

筋肉を動かし続けるエネルギー源 … 18

筋収縮の様態と筋の相互作用 … 20

筋肉が肥大するメカニズムとは？ … 22

きれいに締まった健康美、逞しい肉体美のために … 24

第2章 メリハリのある体 … 27

正しい筋トレでメリハリのあるナイス・ボディをつくる … 28

シェイプアップ5つのポイント … 30

美しいヒップアップ
大臀筋＋ハムストリング … 34

美しいヒップアップ
メリハリをつける … 36

美しいヒップアップ
小・中・大臀筋の構造 … 38

美しいヒップアップ
ハムストリングの構造 … 40

美しいヒップアップ
大臀筋のトレーニング バックキック … 42

美しいヒップアップ
**ハムストリングのトレーニング
グッドモーニングエクササイズ** … 44

引き締まったふくらはぎ、足首
腓腹筋内側頭＋腓腹筋外側頭 … 46

引き締まったふくらはぎ、足首
メリハリをつける … 48

引き締まったふくらはぎ、足首
下腿三頭筋の構造 … 50

引き締まったふくらはぎ、足首
腓腹筋内側頭のトレーニング 母趾球カーフレイズ ……… **52**

引き締まったふくらはぎ、足首
腓腹筋外側頭のトレーニング ノーマルカーフレイズ ……… **54**

ウエストのくびれ
腹横筋＋腹斜筋群 ……… **56**

ウエストのくびれ
メリハリをつける ……… **58**

ウエストのくびれ
腹横筋＋腹斜筋群の構造 ……… **60**

ウエストのくびれ
腹横筋のトレーニング ドローイン ……… **62**

ウエストのくびれ
腹斜筋のトレーニング ベントレッグツイスト ……… **64**

引き締まった二の腕
三角筋後部＋上腕三頭筋長頭 ……… **66**

引き締まった二の腕
メリハリをつける ……… **68**

引き締まった二の腕
上腕三頭筋＋三角筋後部の構造 ……… **70**

引き締まった二の腕
三角筋後部のトレーニング リアレイズ ……… **72**

引き締まった二の腕
**上腕三頭筋長頭のトレーニング
トライセップスキックバック** ……… **74**

メリハリのある太腿
内転筋群 ……… **76**

メリハリのある太腿
メリハリをつける ……… **78**

メリハリのある太腿
内転筋群の構造 ……… **80**

メリハリのある太腿
**内転筋群のトレーニング 1
ストレートレッグアダクション** ……… **82**

メリハリのある太腿
**内転筋群のトレーニング 2
ベントレッグアダクション** ……… **84**

第3章 逞しいボディにビルドアップ ······ **87**

筋肉を大きくして逞しいボディにビルドアップする ······ **88**
ビルドアップ 7 つのポイント ······ **90**

逞しい力こぶ
三角筋前部＋上腕二頭筋 ······ **94**

逞しい力こぶ
メリハリをつける ······ **96**

逞しい力こぶ
上腕二頭筋の構造 ······ **98**

逞しい力こぶ
三角筋の構造 ······ **100**

逞しい力こぶ
**上腕二頭筋短頭のトレーニング
ダンネルスピネイトカール** ······ **102**

逞しい力こぶ
**上腕二頭筋長頭のトレーニング
コンセントレーションカール** ······ **104**

逞しい力こぶ
三角筋前部のトレーニング アーノルドプレス ······ **106**

引き締まった胸、厚い胸板
大胸筋＋前鋸筋＋腹直筋上部 ······ **108**

引き締まった胸、厚い胸板
メリハリをつける ······ **110**

引き締まった胸、厚い胸板
大胸筋＋前鋸筋＋腹直筋上部の構造 ······ **112**

引き締まった胸、厚い胸板
大胸筋のトレーニング ダンベルプレス ······ **114**

引き締まった胸、厚い胸板
前鋸筋のトレーニング セラタスプッシュアップ ······ **116**

引き締まった胸、厚い胸板
腹直筋上部のトレーニング クランチ ······ **118**

厚い胸板、背中
僧帽筋＋菱形筋＋脊柱起立筋 ······ **120**

厚い胸板、背中
メリハリをつける ······ **122**

厚い胸板、背中
僧帽筋＋菱形筋の構造 **124**

厚い胸板、背中
脊柱起立筋の構造 **126**

厚い胸板、背中
**僧帽筋＋菱形筋のトレーニング
ダンベルベントオーバーローイング** **128**

厚い胸板、背中
脊柱起立筋のトレーニング バックエクステンション **130**

広い肩幅
三角筋側部＋上腕筋 **132**

広い肩幅
メリハリをつける **134**

広い肩幅
三角筋側部＋上腕筋の構造 **136**

広い肩幅
三角筋側部のトレーニング ダンベルサイドレイズ **138**

広い肩幅
上腕筋のトレーニング リバースカール **140**

Vシェイプ 逆三角形
広背筋外側 **142**

Vシェイプ 逆三角形
メリハリをつける **144**

Vシェイプ 逆三角形
広背筋の構造 **146**

Vシェイプ 逆三角形
広背筋外側のトレーニング ワンハンドローイング **148**

彫刻のような腿
大腿四頭筋＋縫工筋 **150**

彫刻のような腿
メリハリをつける **152**

彫刻のような腿
大腿四頭筋＋縫工筋の構造 **154**

彫刻のような腿
内側広筋＋外側広筋のトレーニング スクワット **156**

彫刻のような腿
大腿直筋のトレーニング1 シッシースクワット **158**

彫刻のような腿
大腿直筋のトレーニング2 レッグエクステンション ……… **160**

彫刻のような腿
縫工筋のトレーニング インサイドキック ……… **162**

割れた腹筋 6パック
腹直筋＋外腹斜筋 ……… **164**

割れた腹筋 6パック
メリハリをつける ……… **166**

割れた腹筋 6パック
腹直筋の構造 ……… **168**

割れた腹筋 6パック
腹直筋のトレーニング クランチ ……… **170**

割れた腹筋 6パック
外腹斜筋のトレーニング ツイストクランチ ……… **172**

第4章 その他の筋肉　175

腕橈骨筋 ……… **176**

ローテーターカフ ……… **177**

胸鎖乳突筋 ……… **178**

腰方形筋 ……… **179**

大腰筋 ……… **179**

腸骨筋 ……… **180**

梨状筋 ……… **180**

第5章 筋力トレーニング　181

筋力トレーニングの基礎知識 ……… **182**

力を出し切るオールアウト ……… **184**

フルレンジ（フルストレッチ＆フルコントラクション）……… **186**

筋トレプログラム ……… **188**

筋トレに有効な食事の基礎知識 ……… **190**

第1章

knowledge

筋肉を知る

第1章 Basic knowledge [筋肉を知る]
人間の体…1

人間の筋肉

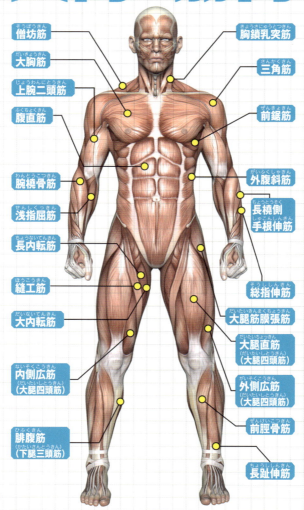

人間の骨格筋は約400あるとされている。大きな筋肉もあれば、小さな筋肉もある。それぞれの筋肉は骨に付着し、ひとつないし2つ以上の関節を動かす。他の筋肉に覆われた深層筋もあるが、ここでは主な表層筋を紹介する。

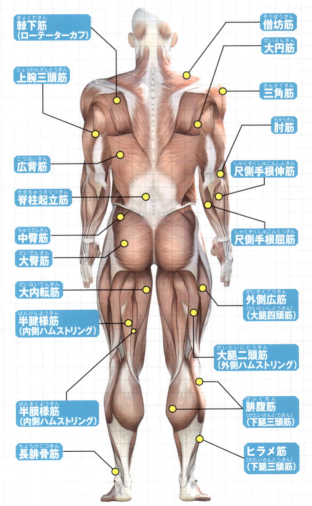

人間の体…1 人間の筋肉 (Knowledge)

- 棘下筋（ローテーターカフ）
- 上腕三頭筋
- 広背筋
- 脊柱起立筋
- 中臀筋
- 大臀筋
- 大内転筋
- 半腱様筋（内側ハムストリング）
- 半膜様筋（内側ハムストリング）
- 長腓骨筋
- 僧坊筋
- 大円筋
- 三角筋
- 肘筋
- 尺側手根伸筋
- 尺側手根屈筋
- 外側広筋（大腿四頭筋）
- 大腿二頭筋（外側ハムストリング）
- 腓腹筋（下腿三頭筋）
- ヒラメ筋（下腿三頭筋）

第1章 Basic knowledge [筋肉を知る]
人間の体…2

人間の骨格

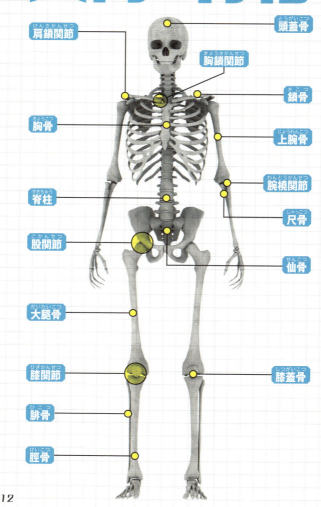

人間の体は200もの骨で構成されている。骨は関節でつながり、それを支点として筋肉の力で動く。日常生活もスポーツも、骨と筋肉が働いて営みが可能となる。ここでは代表的な骨格と関節を表している。

人間の体…2 人間の骨格

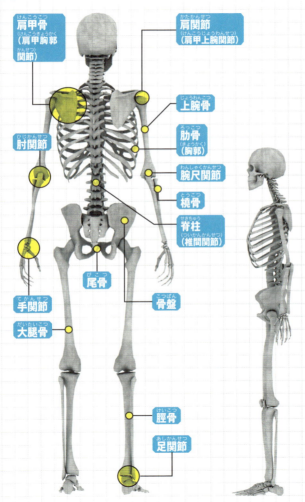

第1章 Basic knowledge [筋肉を知る]
骨格筋

骨格筋は骨に付着して
関節を動かす役割を担う

　人間の筋肉はいくつかの種類に分けることができる。本書では骨格および関節を動かし運動能力を左右する骨格筋について、その構造と効果的なトレーニングについて考えていく。

　骨格筋の特徴は、自分の意志で動かすことができる随意筋であること。人間が思うように体を動かして荷物を持ったり歩いたりできるのは、随意筋を自由に操っているからだ。逆に骨格筋以外の心筋（心臓壁の筋）や内臓や血管の動きに関わる内臓筋は、自分の意志で制御できない不随意筋である。

　骨格筋には必ず「起始」と「停止」がある。体の中心に近い方を起始という。たとえば、上腕二頭筋（短頭）の起始は肩甲骨の烏口突起で、停止は前腕筋膜にある。つまり、骨格筋は2カ所または3カ所以上で骨に付着する構造になっており名前の由来もそこにある。

　また、骨格筋と心筋の筋肉は微細な縞模様の筋繊維を持つため、横紋筋と呼ばれる。一方の内臓筋には縞模様がなく一様に見えるため平滑筋という。

　骨格筋は形状によって分類することもできる。先ほど取り上げた上腕二頭筋は、起始は異なるが同じ位置に停止する2つの筋肉（短頭と長頭）が途中で合体する構造になっている。「二頭筋」という呼び方にはその構造が反映されている。

　さらに筋繊維が腱と平行なものを「紡錘状筋（平行筋）」といい、腱に対して角度のあるものを「羽状筋」と呼ぶ。

　また、関節を動かすことが筋肉の役割であると説明したが、ひとつの関節だけを動かす筋肉を「単関節筋」といい、2つ以上の関節を動かすものを「二関節筋」「多関節筋」と呼ぶ。

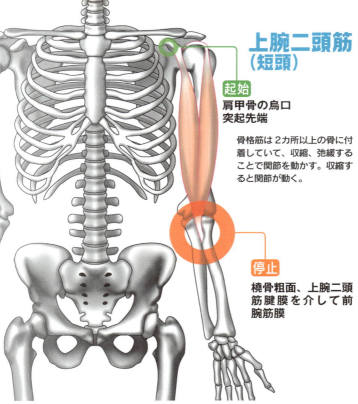

上腕二頭筋（短頭）

起始
肩甲骨の烏口突起先端

骨格筋は2カ所以上の骨に付着していて、収縮、弛緩することで関節を動かす。収縮すると関節が動く。

停止
橈骨粗面、上腕二頭筋腱膜を介して前腕筋膜

骨格筋

筋肉の分類

名前	骨格筋	心筋	内臓筋
状態	骨に付着	心臓を構成	内臓、血管、消化管の壁
働き	関節や骨格を動かす	心臓のポンプ運動を司る	内臓、血管、消化管を動かす
筋繊維	横紋筋	横紋筋	平滑筋
意志で動かせるか	随意筋	不随意筋	不随意筋

第1章 Basic knowledge [筋肉を知る]
骨格筋の構造と収縮

骨格筋の構造と
筋肉が収縮する仕組み

　骨格筋は筋線維（筋細胞）が集まって構成されている。筋線維は直径が10〜100μm、長さが10〜100mmという細長い細胞だ。筋線維をさらにミクロの目で見ると、筋原線維と呼ばれる小さな単位の集まりであることが分かる。ひとつの筋線維のなかには、数百本の筋原線維が集まっている。

　そして、骨格筋には筋線維が数百から数千本が束になり、ひとつの単位を形成している。これを筋束と呼ぶ。筋繊維は筋内膜という結合組織に包まれ、長軸に沿って並んでいる。筋束は筋周膜に包まれてさらに束になって筋全体を形作り、さらにそれを筋外膜（筋膜）が束ねる構造になっている。

　以上のように、骨格筋は複雑な多重構造になっているのである。なお、皮下脂肪を落としたボディビルダーの体では、筋束が透けて見えることがある。

　さて、最小単位の筋原線維をさらにくわしく見てみよう。

　筋原線維は太い線維（ミオシンフィラメント）と細い線維（アクチンフィラメント）によって形成されている。2つの線維はトランプを左右からパラパラと重ねたように、規則正しくお互いの間に入り込む構造となっている。このときに細い線維しか見えない部分が薄い色に見えるため、骨格筋には横紋（縞模様）が現れる。

　次に脳から筋肉を収縮させよ、という指令が出た場合を考えてみる。脳からの電気指令は神経線維を通って各筋肉に伝わる。すると、太い線維が細い線維の間にスライドして入り込む。つまり、線維の長さはどちらも変わらずに筋肉全体の長さが縮むことになる。

　なお、この線維の動きにはカルシウムイオンが関与している。神経

から伝令が届くと筋小胞体からカルシウムイオンが放出され、アクチンとミオシンが接触することでATP（アデノシン三リン酸）を分解して収縮のエネルギーを生むのである。弛緩の際にはエネルギーは必要としない。

骨格筋の構造

筋肉が収縮する仕組み

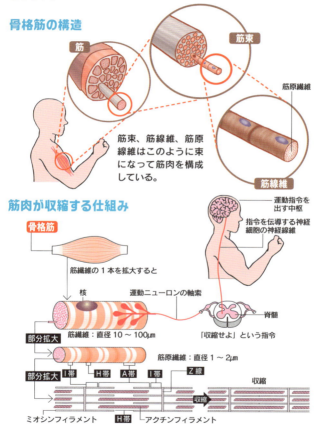

筋束、筋線維、筋原線維はこのように束になって筋肉を構成している。

脳からの電気信号を受けると、太い線維が細い線維の間にスライドして入り、長さが短くなる（収縮する）。

第1章 Basic knowledge [筋肉を知る]
エネルギー源

筋肉を動かし続ける エネルギー源

●2つのエネルギー供給機構

　筋肉が収縮するときのエネルギーはどこからくるのだろう？　ひとつひとつの線維（フィラメント）の動きは微小でもその数は膨大で、しかも持続して筋肉を動かすことを考えれば大きなエネルギーの供給が必要となる。

　運動時の筋肉の収縮はATP（アデノシン三リン酸）がADP（アデノシン二リン酸）に分解されるときに発生する。筋細胞の内部には利用可能なATPがわずかに存在するが、すぐになくなってしまう。そのため、運動の継続にはATPを供給し続ける必要がある。まずは筋中に存在するクレアチンリン酸（CP）からATPを合成し、エネルギーを供給する。

　筋肉はその内部に糖（グリコーゲン）を蓄えている。筋肉収縮の指令が来たとき、まずはこの蓄えの糖を分解してATPを得て素早く対応する。これを無酸素性エネルギー供給機構（解糖系）という。

　しかし、これだけでできる運動は限られている。さらにATPが必要になったときは、解糖系によってできたピルビン酸をミトコンドリアの中で酸素を使って分解することでATPを取り出す。これを有酸素性エネルギー供給機構と呼ぶ。

　これを繰り返していると、ピルビン酸から乳酸が生まれてくる。乳酸の生成過程で生じる水素イオンによって筋肉が酸性に傾くことで疲労に至る。また強い運動を長く続けて体が動かなくなってしまうのは、ATPの供給が間に合わなくなった状態と考えられる。

　なお、筋肉が収縮するときには熱が発生する。運動を行うと体が熱くなるのはこのためだ。個人差や場合によるが、発生するエネルギー

の4分の3が熱になって放出されることもあるといわれている。

● 赤筋と白筋の違い

　筋肉には赤く見える赤筋と白っぽい白筋がある。これは筋繊維に含まれるミオグロビンという色素たんぱく質の量の違いによる。ミオグロビンは筋ヘモグロビンとも呼ばれる複合たんぱく質で、酸素を蓄える役割を持つ。これを多く含む赤筋は、長時間の運動に向いている。

　一方の白筋はミオグロビンが少ない代わりにグリコーゲンを多く貯蔵している。グリコーゲンは素早く脳からの指令に反応するためのエネルギー源。すなわち瞬発力を要求される動きに向いている。

　以上のことから、赤筋はマラソン型の筋肉（遅筋）、白筋は短距離競走型の筋肉（速筋）といわれることもある。

　なお、赤筋、白筋はよく魚を例に説明される。赤筋を持つマグロは持久力があるために泳ぎ続けることができる。一方、白筋のヒラメはじっと砂の中に潜んでエサが現れたときに素早い動きでそれを捕らえる。

ATPの供給機構の種類

無酸素	供給速度	供給量
❶ 筋に含まれるクレアチンリン酸（CP）からつくる方法 …ATP-CP	速	少
❷ グリコーゲンをグルコース→ピルビン酸に分解する過程でつくる方法 …解糖系	中	中

有酸素	供給速度	供給量
❸ ピルビン酸（グルコースからの代謝物）、脂肪酸、アミノ酸を分解する方法 …TCA（クエン酸）回路、 　電子伝達系	遅	多

エネルギー源

第1章 Basic knowledge [筋肉を知る]
相互作用

筋収縮の様態と筋の相互作用

いろいろな筋収縮の様態

筋肉の収縮というと、物を持ち上げたり引っ張ったりという動作が第一に思い浮かぶが、静的収縮という様態もある。次に筋収縮の様態について考えてみる。

●動的収縮

一般的に考える運動だが、求心性収縮（短縮性収縮）と遠心性収縮（伸張性収縮）にわけることができる。求心性収縮は筋の緊張によって短縮が起こる。つまり、起始と停止が近づく。一方の遠心性収縮は筋が緊張しながら引き伸ばされることをいう（起始と停止が遠ざかる）。バーベルを上げるときが前者で、ゆっくりと下ろしているときが後者となる。

等張性収縮

筋張力（いわゆる「力」）が一定の状態で筋肉が収縮する。**等速性収縮**

収縮（関節運動）速度が一定の収縮。

●静的収縮

筋の長さに変化がない収縮。壁を押し続ける運動が分かりやすい。等尺性収縮ともいう。

筋の相互作用について

骨格筋には同じ関節を反対方向に動かすペアが存在する。例えば、上腕二頭筋は肘関節を曲げるときに収縮し、上腕三頭筋は肘を伸ばすときに働く。相手が収縮しているとき、もう一方は弛緩している。収

縮しているほうを主動筋といい、もう一方を拮抗筋と呼ぶ。

　ある運動を行うときにふたつの筋肉が共同して働くことで、個体の要求に沿った動作を実現していると考えられる。

筋肉と腱の関係について

　骨格筋は骨に付着している。筋と骨をつないでいる部分を腱と呼ぶ。筋肉が発揮した力（筋張力）は、腱を介して骨に伝達され、関節運動が起こる。腱は外力によってわずかに伸びる性質があり、筋肉の張力によってわずかに伸張され、ゴムのように他動的に縮む（元の長さに戻る）。アキレス腱と下腿三頭筋の関係が分かりやすい。

筋の相互作用

大胸筋　上腕二頭筋　広背筋　上腕三頭筋　腹直筋　脊柱起立筋　大腿四頭筋　ハムストリング　前脛骨筋　下腿三頭筋

相互作用

第1章 Basic knowledge［筋肉を知る］
筋肉肥大

筋肉が肥大する
メカニズムとは？

　ウエイトトレーニングをすると筋肉が大きくなるのはなぜだろう？ そのメカニズムについて考えてみよう。

　筋肉に大きな負荷がかかるとこのままでは危ないと感じ、体は防衛しようとする。筋肉の出力はその断面積に比例することが分かっている。したがって、新しい環境に対応するために筋肉を大きくすると考えられている。

　実際にどのように筋肉が大きくなるかは、力学的アプローチ、化学的アプローチによる2つの解説が一般的だ。

●力学的な刺激による筋肥大

　筋肉トレーニングを行うと、筋線維に傷がつく。体はその傷を修復しようとして数種類の成長因子を分泌する。成長因子は筋線維の周囲にあるサテライト細胞に影響を及ぼし、サテライト細胞を増殖させる。増殖したサテライト細胞は筋線維に融合して、元の状態よりも太くなるというわけだ。

　つまり、筋肉痛や筋肉疲労は筋が肥大していくサインともいえる。トレーニングで疲れても、それが身となると考えるとモチベーションが上がる。

　なお、筋線維自体が太くなるときには、筋原繊維の数が増えていることも分かっている。すでに解説したように、筋線維は筋原繊維のたんぱく質でできている。したがって、たんぱく質の多い食事が有効である。

●化学的刺激による筋肥大

　筋肉を動かすエネルギーとして、筋肉に蓄えられているグリコーゲンがまず利用される。これを無酸素性エネルギー供給機構と呼ぶ。こ

の過程において乳酸などの代謝物が筋肉に溜まっていくと、それがストレスとなり、成長ホルモンやテストステロンという男性ホルモンが分泌される。その結果、筋たんぱく合成が起こる事で筋線維が太くなり、筋肉が肥大していく。

また、筋肉が力をふり絞ると、血流が制限され筋肉は低酸素状態におかれる。この危機的状況が刺激となって筋を大きくすることも分かっている。

化学的刺激を考慮した場合、糖質の補充も大切であることが分かる。食事のメニューを考える際の参考にしたい。

力学的刺激による筋肥大のメカニズム 筋サテライト細胞の働き

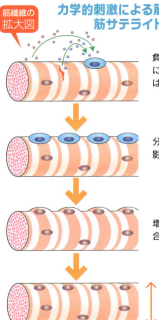

筋繊維の拡大図

負荷の強い運動や筋トレを行うと筋繊維に傷がつき、その傷口から成長因子と呼ばれる物質が分泌される。

分泌された成長因子がサテライト細胞に影響し、サテライト細胞が増殖する。

増殖したサテライト細胞が、筋繊維に融合する。

筋繊維がサテライト細胞の融合で肥大し、わずかに元の太さを超える断面図となる。

参考文献:『からだのしくみと動きがすぐわかる！ 筋肉地図』
(酒井均〈著〉、岡田隆〈監修〉 宝島社)

第1章 Basic knowledge [筋肉を知る]
メリハリのある体

きれいに締まった健康美、逞しい肉体美のために

　本書は、メリハリのある肉体美を作るノウハウを提供することをテーマにしている。各論を読み進めてもらう前に、3つの重要ポイントを解説しておきたい。

　女性にはきれいに締まった健康美、男性には逞しい肉体美を実現してもらうのが目標だ。

1　隣接する筋肉を大きくすることでメリハリをつける

　6パックを例にとって説明しよう。6パックは腹直筋という大きな筋肉を肥大させることで逞しくなる。しかし、同時にその脇にある外腹斜筋を鍛えると、その境界線が深くなり、より立体的な腹筋に見えるのだ。

　これは男性ばかりでなく、メリハリのある女性の健康美にも同じことがいえる。くびれたウエストでも、よく締まったふくらはぎでも、隣り合わせた筋肉を鍛えることで美しさを強調できる。

2　正しいフォームでピンポイントの効果を狙う

　肩の関節を動かす三角筋は、前部、側部、後部の3つのパートに分かれている。正しいフォームでトレーニングを行うと、3つのパートを別々に刺激することができる。

　例えば力こぶを際立たせたい場合と、肩を大きく張り出したい場合の両方に実は肩の三角筋が関与するが、同じ三角筋でも重点を置くパーツが変わってくる。正しい知識とフォームを身につけることが大切だ。

　また、言うまでもないが、フォームが乱れると効果が半減するばかりか、ケガの原因にもなる。初めのうちは、しっかりとした指導を受けることが望ましい。

3 体脂肪を落とす

　筋肉と筋肉の溝（境界線）にも脂肪は溜まる。メリハリのある体型を目指すなら、筋肉を大きくするばかりでなく、体脂肪を落とすことが不可欠となる。いくら筋トレを積んでも、体脂肪に覆われていては筋肉と筋肉の溝が埋まりメリハリが失われ、見映えはよくならない。

　そのためには食事のバランスを考えることも重要になる。メリハリのあるほれぼれする体を作るために覚えておいてほしい。

メリハリのある体

体脂肪が落ち、シェイプされた筋肉が現れる。

正しいフォームで目的を定めたトレーニングをする。

第2章

Toned body

メリハリのある体

第2章 Toned body [メリハリのある体]

正しい筋トレでメリハリのあるナイス・ボディをつくる

女性の美しいボディに筋トレが不可欠

　女性なら健康的にシェイプされたナイス・ボディに憧れない人はいないだろう。そのためにエステに通ったり、ヨガのクラスに参加して努力をしている人も多いはずだ。

　しかし、ナイス・ボディを作るには筋力トレーニングが欠かせないことを知ってほしい。筋トレは、なにもマッチョな肉体だけのものではない。この章ではすっきりとメリハリのある体型を仕上げる方法を紹介していく。

シェイプアップした筋肉と絞った体脂肪が両輪

　強調したいのは、隣り合う2つの筋肉を鍛えること。例えば弛みがちな二の腕（振り袖肉！）なら、三角筋後部と上腕三頭筋長頭をセットでトレーニングする。そうすることでよりメリハリのある見映えのする二の腕に仕上がるのだ。

　トレーニングをより効果的に行うために、鍛える筋肉の概要も解説している。どこにあって、どんな働きをしているのかを知ることで、より効果とモチベーションを上げてほしい。

　また、ナイス・ボディになるためには体脂肪を減らすことも大切だ。せっかく筋肉を引き締めても、体脂肪に覆われていたのではきれいには見えない。ほどよく発達した筋肉と少ない体脂肪が両輪と考えるのがいいだろう。

メリハリのある体

第2章 Toned body [メリハリのある体]

シェイプアップ 5つのポイント

目標を絞って より美しく！

Toned body

メリハリのある体

ウエストのくびれ
腹横筋 ＋ **腹斜筋群**
→ 56ページ

メリハリのある太腿
内転筋群
→ 76ページ

第2章 Toned body ［メリハリのある体］

Toned body

メリハリのある体

― 引き締まった二の腕
三角筋後部 ＋
上腕三頭筋長頭
→66ページ

― 美しいヒップアップ
大臀筋 ＋
ハムストリング
→34ページ

― 引き締まった
ふくらはぎ、足首
腓腹筋内側頭
腓腹筋外側頭
→46ページ

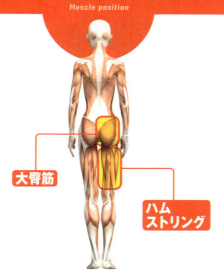

大臀筋

ハムストリング

美しいヒップアップ

Training

トレーニングのポイント

　臀部は皮下脂肪がつきやすく、気を抜くと垂れたお尻になってしまう。きれいなヒップアップを実現するためには、筋トレとともに体脂肪を落とす努力が必要だ。

　また、骨盤が後傾するとヒップが下がりやすい。骨盤を立てる意識も大切だ。ハムストリングが発達すると、臀部下側の溝が強調され、視覚的にヒップアップを助ける。

第2章 Toned body [メリハリのある体]
美しいヒップアップ
メリハリをつける

大臀筋

ハムストリング

[弛 緩]

きっちりと皮下脂肪が落ちたヒップ。筋肉が弛緩した状態でも美しい。

[収 縮]

大臀筋が収縮して張りが出た。また、ハムストリングとの境界が現れている。

美しいヒップアップ

Toned body

サッカーでフェイントをかける横の動きでは、中・小臀筋が使われる。

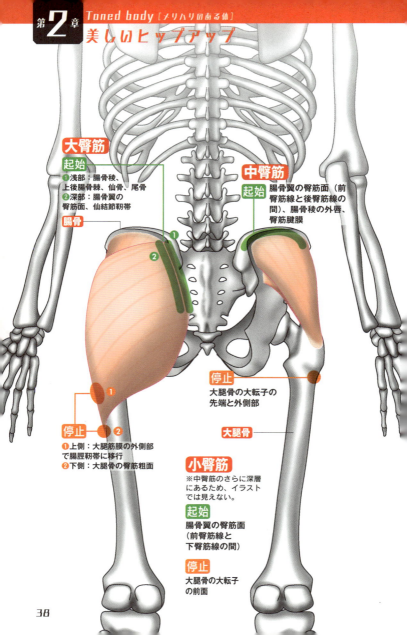

小・中・大臀筋の構造

Structure of the musculi gluteus

Toned body

美しいヒップアップ

お尻の筋肉は小臀筋、中臀筋、大臀筋の3つで構成されている。3つの筋肉は立体的に重なり合い、歩行などの運動の要となる。ルックス的に重要なのは表層にある大臀筋だが、中臀筋も高いヒップを作るためには重要である。そして、共同して働く小臀筋についても知っておこう。

中臀筋
Gluteus medius muscle

大臀筋の上部、骨盤の側面に位置し、上外側を除いて大臀筋覆われ、一部深層にある。日常生活やスポーツでは、脚を横に振り上げる動作を担う。また、骨盤を安定して支える役目も担う。

小臀筋
Gluteus minimus muscle

お尻の上部側面に位置し、中臀筋のさらに深層にある。つまり臀筋は三層に重なっている筋肉群といえる。中臀筋とともに股関節を外転し、骨盤を安定して支える。

大臀筋
Gluteus maximus muscle

臀筋を構成する3つの筋肉のなかで文字通り一番大きい。単一筋としては人体で最大である。そのためトレーニングで鍛えると基礎代謝が増やしやすい。足を後ろに振り上げ、外にひねる働きをする。

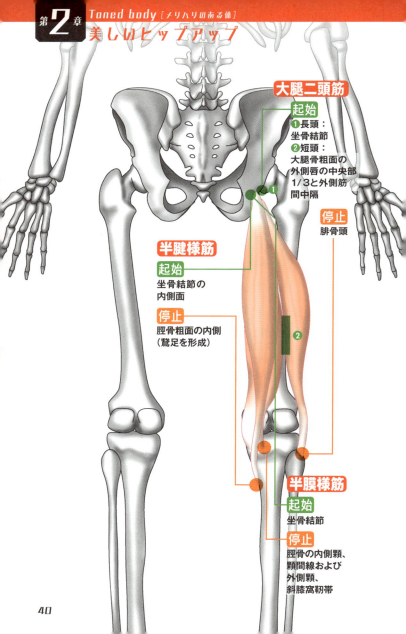

ハムストリングの構造

Structure of the muscli gluteus

美しいヒップアップ

Toned body

太腿の裏側にある、半膜様筋、半腱様筋、大腿二頭筋の総称。スポーツ全般によく使うが、特に短距離選手のダッシュ力を支える。また、おじぎ（前屈）から体を起こすときにも収縮する。ハムストリングと大臀筋（P.39）が作る溝こそがヒップライン（下部）であり、この両方の筋肉を鍛えることで溝をクリアにして美しいヒップを演出する。

大腿二頭筋
Biceps femoris muscle

外側ハムストリングと呼ばれるように、一番外側に位置する。起始が異なる２つの筋頭で構成され、短頭は膝関節の屈曲、長頭は股関節の伸展と膝関節の屈曲に働く。

半腱様筋
Semitendinosus muscle

坐骨結節の内部から始まり、鵞足となって薄筋と縫工筋と共に脛骨粗面に付着している。半膜様筋を覆うようにして走り、股関節の伸展、さらに膝関節の屈曲と内旋にかかわる。

半膜様筋
Semimembranosus muscle

股関節を伸展、膝を屈曲、内旋させる。椅子に座ってハムストリングに力を入れると、腿の内側に緊張する筋が容易に見つかる。短距離のダッシュやジャンプ運動でよく使う。

41

第2章 Toned body [メリハリのある体]
美しいヒップアップ
大臀筋のトレーニング
バックキック

大臀筋を意識しながら、腿を振り上げる。高く上げようとするあまり、腰を反らせないように注意する。
元に戻して次の動作を始めるときには、膝をマットにつけないようにする。
片側1セット30～50回を3セット。セットごとに1分間休憩を挟む。

② 息を吐きながら、股関節から腿を振り上げる。背中が反らないように注意する。

美しいヒップアップ

床に両掌と膝をつく。力を抜いて顔は下に向ける。戻した姿勢では、膝を浮かしたところから次の動作を行う。

Check!

NG 顔が上がり、腰が反っている。腰から曲がると大臀筋が強く収縮しない。

第2章 Toned body [メリハリのある体]
美しいヒップアップ

ハムストリングのトレー
グッドモーニング

慣れないうちは、正しい姿勢で行うのが難しいトレーニング。背中をまっすぐに伸ばしておくのがポイントだ。
ハムストリングは肉離れを起こしやすい部位でもある。トレーニングの前後にはストレッチなど準備運動をしよう。
1セット30〜50回を3セット。セットごとに1分間の休憩を挟む。

①
腕を胸で組み、足を肩幅に開いてリラックスして立つ。

Check!

ニング
エクササイズ

美しいヒップアップ

② 膝を軽く曲げながら股関節から上体を前傾させる。上体を真っすぐに保ったままおじぎをするように前方に傾けていく。

NG

腰から丸まってしまっている。ハムストリングに負荷が掛かっていることを意識しながら行う。

第2章 Toned body［メリハリのある体］

引き締まったふくらはぎ、足首
腓腹筋内側頭＋腓腹筋外側頭

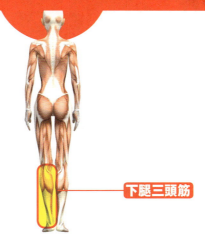

下腿三頭筋

引き締まったふくらはぎ、足首

⚡Training

トレーニングの ポイント

　引き締まったふくらはぎのポイントとなる腓腹筋内側頭・外側頭は、ヒラメ筋とともに下腿三頭筋を構成する筋肉。

　内側頭と外側頭を別々にトレーニングすること、特に内側頭をしっかりトレーニングすることで、より効果を上げる。筋肉が引き締まると、足首にかけてきれいなラインが完成する。ただし、断裂などのケガをしやすいので、十分なストレッチを取り入れたい。

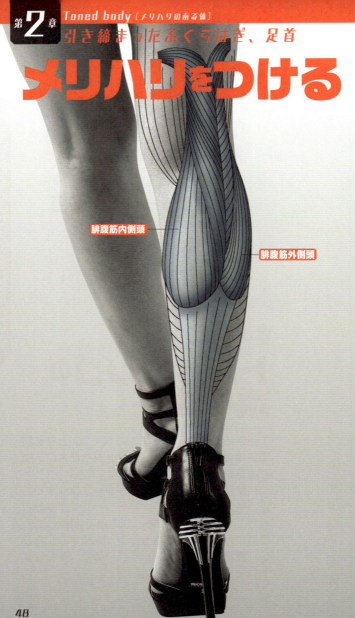

第2章 Toned body [メリハリのある体]
引き締まったふくらはぎ、足首

メリハリをつける

腓腹筋内側頭

腓腹筋外側頭

[弛 緩]
筋肉の盛り上がりがなくても、アキレス腱に続くすっきりとしたラインが印象的。

[収 縮]
爪先に力が入ると、外側頭、内側頭がきれいに現れた。ふたつの筋肉の下の影がポイント。

引き締まったふくらはぎ、足首

下腿三頭筋を構成する3つの筋肉は、いずれも筋繊維が短く密度が濃い羽状筋構造になっているため、強い力を発揮する。ジャンプする力の原動力だ。

第2章 Toned body [メリハリのある体]
引き締まったふくらはぎ、足首

ヒラメ筋
起始
腓骨頭、腓骨と脛骨の間のヒラメ筋腱弓、脛骨後面のヒラメ筋線

停止
踵骨隆起
※停止腱はアキレス腱（踵骨腱）

腓腹筋外側頭
起始
大腿骨の外側上顆

停止
踵骨隆起
※停止腱はアキレス腱（踵骨腱）

腓腹筋内側頭
起始
大腿骨の内側上顆

停止
踵骨隆起
※停止腱はアキレス腱（踵骨腱）

アキレス腱

下腿三頭筋の構造

Structure of the triceps surae muscle

引き締まったふくらはぎ、足首

Toned body

いわゆるふくらはぎの筋肉。腓腹筋（内側頭・外側頭）とヒラメ筋で構成される。3つの筋肉ともに長く弾力性のあるアキレス腱によって覆われている。どの骨格筋も腱によって骨に付着しているが、アキレス腱はその構造がとても分かりやすいパーツだ。

腓腹筋内側頭
Medial head of gastrocnemius muscle

ふくらはぎを構成する3つの筋肉のひとつ。爪先立ちをすることで筋の緊張を確認することができる。ふくらはぎの内側のふくらみを形成し、美しいカーブの要である。

腓腹筋外側頭
Lateral head of gastrocnemius muscle

後ろから見て、ふくらはぎの外側に位置している。内側頭とともにふくらはぎ上部のふくらみを作り、足首との落差でメリハリを作り引き締まった足首を演出する。

ヒラメ筋
Abdominal external oblique muscle

ヒラメ筋は、ほとんどは腓腹筋とアキレス腱に覆われていて、外からは確認できない。魚のヒラメのように平たい筋肉だ。起始が大腿骨ではないため、膝関節には関与しない。立っている姿勢で前に倒れないように、体を支えている。

第2章 Toned body [メリハリのある体]
引き締まったふくらはぎ、足首

腓腹筋内側頭の
トレーニング
母趾球
カーフレイズ

内側頭を刺激するためには、脚の内側に力を入れる必要がある。そのためには親指のつけ根（母趾球）を支点につま先立ちをする。足の幅にあった板かボックスを用意するとエクササイズがしやすい。しっかりと親指で立っているか、目視で確認する。
1セット20～30回を3セット。セットごとに1分間の休憩を挟む。

用意した台の上に、親指のつけ根を支点にして立つ。

Check!

引き締まったふくらはぎ、足首

② 母趾球、親指に体重がかかっていて、ふくらはぎ内側に力が入っているか確認する。

Check!
Check!
Check!

第2章 Toned body [メリハリのある体]
引き締まったふくらはぎ、足首

腓腹筋外側頭の
トレーニング
ノーマル
カーフレイズ

母趾球から小趾球にかけて均等に体重をかけて爪先立ちをする。母趾球カーフレイズ（P52）よりも外側頭に負荷がかかる。外側頭は小指重心でよく鍛えられるが、鍛えすぎると外側にふくらみすぎてO脚に見えてしまうため、この方法でほどよく鍛える。筋肉の緊張も確認しやすく、比較的容易なトレーニング。通勤電車など日常生活の中でも取り入れることができる。
1セット20〜30回を3セット。セットごとに1分間の休憩する。

① 足を肩幅に開き、まっすぐに立つ。体を支えるものがあれば利用するのもいい。

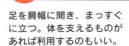
Check!

引き締まったふくらはぎ、足首

②

頭を天井に引き上げられるようにつま先立ちをする。上げたところで、さらに力を込める。親指から小指まで均等に体重をかける。

NG

腰が反り返っている。こうなると腰や背中に力が分散して、有効なトレーニングにならない。

第2章 Toned body ［メリハリのある体］

ウエストのくびれ
腹横筋＋
腹斜筋群

Muscle position

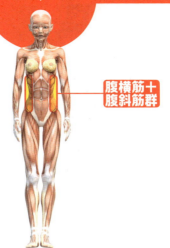

腹横筋＋
腹斜筋群

ウエストのくびれ

Toned body

🏋 Training

トレーニングの
ポイント

　脇腹を構成する3つの筋肉は、外から外腹斜筋、内腹斜筋、腹横筋と立体的に重なっている。これらが引き締まることで、すっきりとウエストにくびれができる。また、体を回す、捻る、屈曲するなどの基本動作のキレもよくなる。

メリハリをつける

第2章 Toned body [メリハリのある体]
ウエストのくびれ

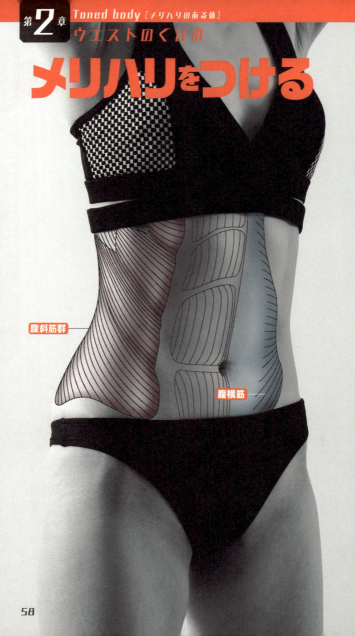

腹斜筋群

腹横筋

ウエストのくびれ

[**弛緩**]

トレーニングを積んだウエストは、弛緩した状態でも腹斜筋がうっすらと見える。

[**収縮**]

見事に外腹斜筋が浮き上がった。見えているのは外腹斜筋。内腹斜筋、膜横筋は深層にあって目視できない。

ヨガなどで体を捻る運動でも腹斜筋群が働いている。

左脇腹は腹斜筋群を取り除いて腹横筋を描いている

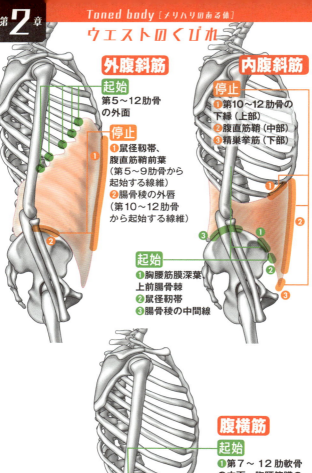

腹横筋＋腹斜筋群の構造

Structure of the oblique abdominal muscle

ウエストのくびれ

Toned body

脇腹の筋肉は三層に重なった構造をしている。外から腹斜筋群の外腹斜筋、内腹斜筋と腹横筋だ。引き締まったウエストのくびれは腹斜筋群がいかに鍛えられていて、腹部の皮下脂肪がそぎ落とされているかによる。

腹横筋
Transversus abdominis muscle

腹直筋、腹斜筋群とともに腹筋を構成する。内腹斜筋の内側でウエストをグルっと取り囲むように1周している。いわばコルセットだ。ウエスト部のくびれを作る筋肉として知られている。筋繊維が横に走っているのが特徴。表には目立って浮いてこないが、体幹部を引き締める大切な存在だ。

外腹斜筋
Abdominal external oblique

肋骨から骨盤にかけて走り、体の屈曲、側屈、回旋に関わる。また、腹腔内圧を高めたり、内臓を安定させ、保護する働きもする。この筋肉が衰えると、呼吸や発声が弱くなる。

内腹斜筋
Abdominal internal oblique muscle

同じく、肋骨から骨盤にかけて走る。外腹斜筋の内側に張り付いており、お互いに補完しながら体の動きに関わっている。反対側の外腹斜筋の走行方向が同じであり、役割も同じである。

第2章 Toned body [メリハリのある体]
ウエストのくびれ
腹横筋のトレーニング
ドローイン

腹横筋は呼吸筋であり、腹式呼吸で息を吐くときに力を発揮する。トレーニングでしっかりと息を吐くと、その仕組みが理解できる。腹を出したところから一気に息を吐き出し、その状態でキープする。1セット10秒キープして10～15回を3セット。セットごとに1分間の休憩を挟む。

Check!

腹に手を当て、状態を確認しながら行う。息を吸って腹を出したところからスタート。

②

絞り出すように息を吐く。腹をへこませ、息を完全に吐き出したら15秒間維持する。浅い呼吸を続ける。

NG

胸で呼吸をしている。深い腹式呼吸がトレーニングのポイントとなる。

ウエストのくびれ

Toned body

第2章 Toned body [メリハリのある体]
ウエストのくびれ
腹斜筋のトレーニング
ベントレッグツイスト

体を捻る運動で腹斜筋群を鍛える。この運動を正しく行うと、右の外腹斜筋と左の内腹斜筋が同時に収縮することを理解できる。
片側1セット30〜50回を3セット。セットごとに1分間休憩を挟む。

逆側へと下半身を捻る。このときに上半身が動いたりブレたりしないことが大切。息を吐き出すと効果的。

肩と腕をしっかりと床に着ける。視線は真上を見る。

ウエストのくびれ

Toned body

NG 肩と腕が浮いてしまった。下半身に引っ張られて顔も横を向いている。

第2章 Toned body [メリハリのある体]

引き締まったニの腕
三角筋後部＋上腕三頭筋長頭

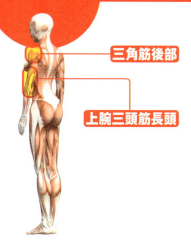

三角筋後部

上腕三頭筋長頭

引き締まった二の腕

Training

トレーニングのポイント

　女性は二の腕の裏側が弛む、いわゆる振り袖肉になりやすい。体脂肪を減らすとともに適切な筋トレですっきりとした腕を手に入れたい。

　ポイントとなる筋肉は三角筋の後部と上腕三頭筋長頭。三角筋は3つのパートに分かれているが、後部を重点的に鍛えるのがいい。上腕三頭筋長頭とのメリハリがつくと引き締まって美しく見える。

第2章 Toned body [メリハリのある体]
引き締まった二の腕

メリハリをつける

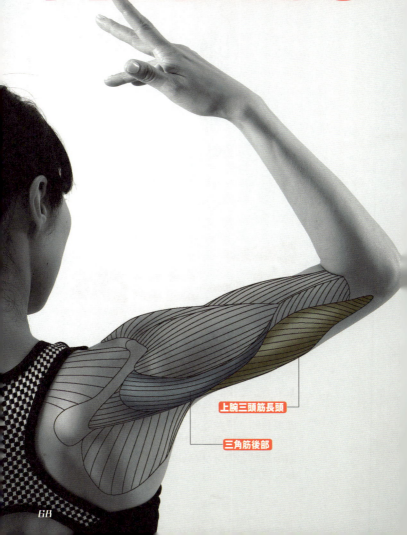

上腕三頭筋長頭

三角筋後部

引き締まった二の腕

Toned body

[弛緩]

女性の二の腕は皮下脂肪が溜まってだらりと弛みやすい。この写真を目標に。

[収縮]

上腕三頭筋と三角筋がきれいに見えている。影が生まれることでメリハリがはっきりした。

アメリカンフットボールで相手を押し返すときは、上腕三頭筋が働いている。

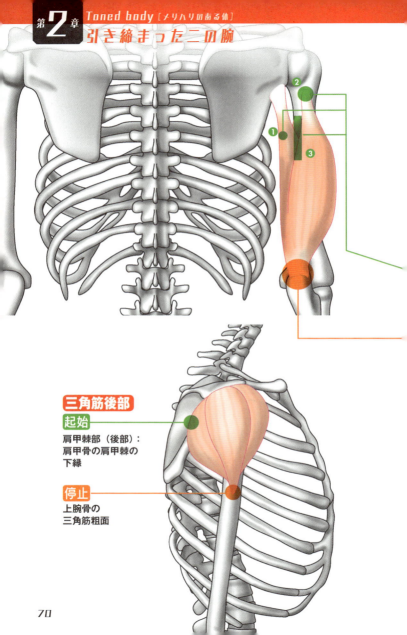

上腕三頭筋＋三角筋後部の構造

Structure of the triceps brachii muscle + deltoid muscle rear

引き締まった二の腕 / *Tuned body*

　上腕二頭筋が肘関節を曲げるときに働くのに対し、上腕三頭筋は肘を伸ばすときに使う。まさに表と裏の関係といえる。長頭と内側頭は、あわせて短頭と呼ばれることもある。

上腕三頭筋
起始
① 長頭：肩甲骨の関節下結節（橈骨神経溝より外側）
② 外側頭：上腕骨後面（橈骨神経溝より外側）
③ 内側頭：上腕骨後面（橈骨神経溝より内側）

停止 尺骨の肘頭

三角筋後部
Deltoid muscle

　3つに分かれる三角筋の最も背中に近い部分。肩の関節を動かす機能を持ち、腕を上げたり、後方に腕をふる。バットやラケットを振る動作に関わる。3つのパートはそれぞれ重点的に鍛えることが可能。ただし、無理をすると肩を傷めやすいので注意も必要だ。

上腕三頭筋長頭
Triceps brachii muscle

　腕を下ろしたときに内側にあるのが長頭と内側頭、外側に出るのが外側頭。腕の筋肉の中で最も大きな筋肉だが、日常生活で使われる機会はあまり多くない。そのためトレーニングをしないと弛みやすい。押す力の源となる。

第2章 Toned body [メリハリのある体]
引き締まった二の腕

三角筋後部のトレーニング
リアレイズ

筋肉を大きくするのではなく、周辺を引き締めてすっきりとさせるのが目的なら、ペットボトル程度の負荷で十分だ。肩をすくめないようにして肩を支点にして腕をなるべく遠くに振り上げるのがコツ。肩の後ろの部分に意識を集中させる。
片側1セット20～30回を3セット。セットごとに1分間休憩を挟む。

Check!

Check!

Check!

① 背中をまっすぐにして上体を前傾させる。ペットボトルが膝の前にくるようにする。

NG

腰が起きている。また、親指から上がっているのも NG。

Tuned body

引き締まった二の腕

Check!

②

腕を1/4回転させるようにして、腕を真横に上げる。なるべく遠くに振り上げるイメージを持つと効果が上がる。

第2章 Toned body [メリハリのある体]
引き締まった二の腕

上腕三頭筋長頭のトレーニング
トライセップスキックバック

二の腕の裏側、体に近い内側の筋肉を鍛えるメニュー。肘関節を伸ばすことを意識して行う。上腕を水平よりも上げておくことで、上腕三頭筋の長頭を刺激しやすく、また、三角筋後部を刺激し続ける。1セット20〜30回を3セット。セットごとに1分間休憩を挟む。

Check!

① 背中が床と平行になるようにポーズをとる。肘は直角に曲げる。

NG

体が立っている。腰の反動で動いているだけで上腕三頭筋には効いていない。

Check! Check!

引き締まった二の腕

②

後ろに蹴り上げるイメージで腕を上げる。大切なのは肘の関節で動くこと。親指は内側に向けておく。

第2章 Toned body [メリハリのある体]

メリハリのある太腿
内転筋群

Muscle position

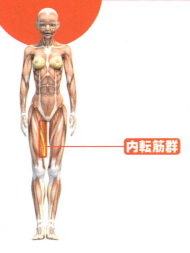

内転筋群

メリハリのある太腿

Training

トレーニングの
ポイント

　内転筋群は5つの筋肉で構成されている。内腿に層を成して配置され、股関節の内転（開いた足をつけ根から内側に閉じる動き）に関わる。
　内腿は皮下脂肪がつきやすい部分なので、内転筋を鍛えて、周辺を引き締めてすっきりとさせることで太腿の印象を大きく変えることが可能だ。

第2章 Toned body [メリハリのある体]
メリハリのある太腿

メリハリをつける

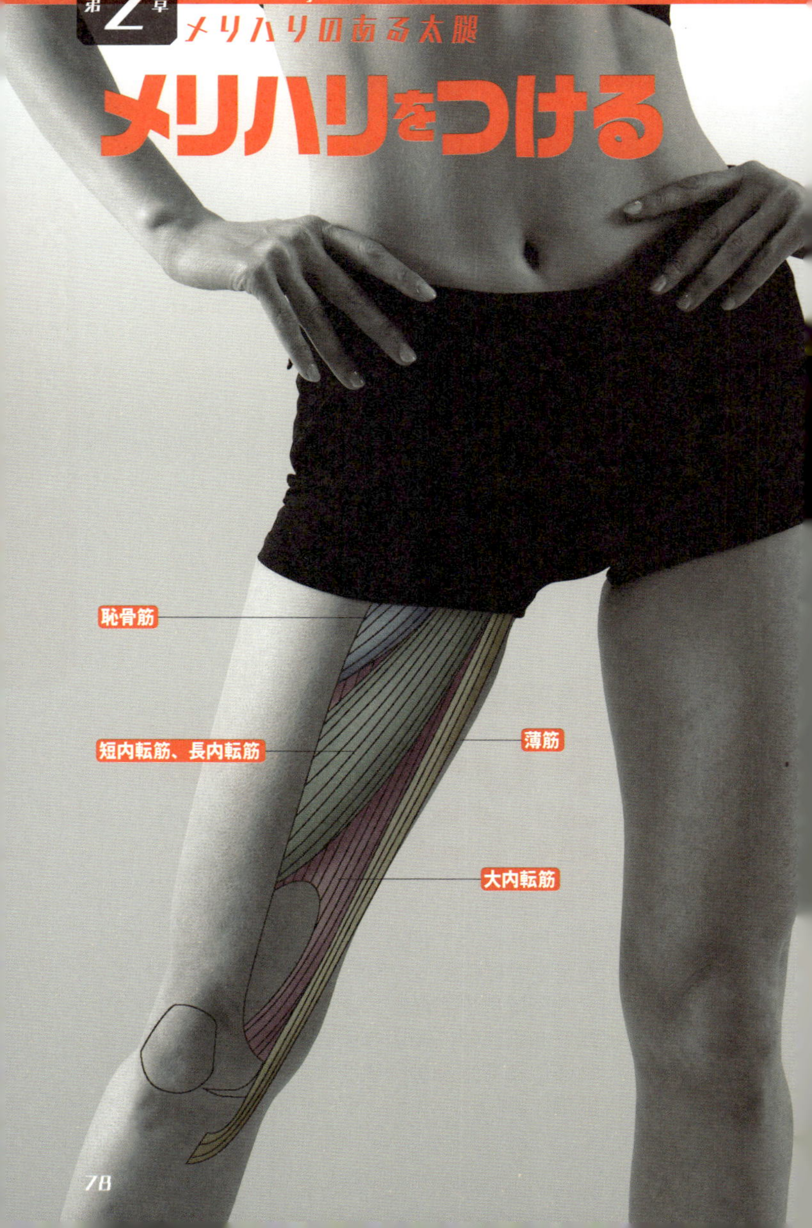

- 恥骨筋
- 短内転筋、長内転筋
- 薄筋
- 大内転筋

メリハリのある太腿

[弛緩]

大きく主張する筋肉ではないため、弛緩した状態ではフラットに見える。

[収縮]

腿を内側に閉じるようにすると大内転筋が浮き上がった。水着姿でさり気ないアピールができる。

平泳ぎのキックは内転筋を必要とする動きだ。

第2章 Toned body [メリハリのある体]
メリハリのある太腿

大内転筋
起始
❶ 内転筋部（筋性部）：恥骨下枝
❷ ハムストリング部（腱性部）：坐骨枝の前面および坐骨結節

停止
❶ 内転筋部（筋性部）：大腿骨粗線の内側唇
❷ ハムストリング部（腱性部）：大腿骨の内側上顆（内転筋結節）

恥骨筋
起始
恥骨櫛（恥骨筋）

停止
大腿骨粗線の近位部と恥骨筋線

短内転筋
起始
恥骨下枝の下部

停止
大腿骨粗線の内側唇上部1/3の範囲

薄筋
起始
恥骨結合の下前面および恥骨弓上部（坐骨恥骨枝）

停止
脛骨の内側面（鵞足を形成）

長内転筋
停止
大腿骨粗線の内側唇中央部1/3の範囲

起始
恥骨上枝（恥骨結合の下方）

内転筋群の構造

Structure of the adductor muscles

メリハリのある太腿 *Toned body*

内転筋群は、大内転筋、長内転筋、短内転筋、恥骨筋、薄筋の5つの筋肉が内腿で交差するように走っている。股関節のいろいろな動きを司っている。深層にある筋が多く、見映えにもっとも関わるのは大内転筋だ。

大内転筋
Adductor magnus muscle

内転筋群のなかで一番大きな筋肉。前面は内転筋部だが、後面はハムストリング部になっている。内腿のラインに大きく関わる。

短内転筋
Adductor brevis muscle

恥骨筋と長内転筋に覆われた深層にある。比較的大きく、強い力を発揮する。

長内転筋
Adductor longus muscle

大内転筋に次いで大きな筋肉。股関節屈曲位では股関節伸展に、股関節伸展位では股関節を屈曲させる。

薄筋
Gracilis muscle

唯一の二関節筋。股関節の内転に加え、下腿の内旋および屈曲の動きをする。名前の通り、薄い筋肉。

恥骨筋
Pectineus muscle

内転筋群の中では、最も上部に位置する。主に太腿を内側に振る股関節内転の動きに関わる。

第2章 Toned body [メリハリのある体]
メリハリのある太腿

内転筋群のトレーニング 1
ストレートレッグ

内転筋群の中でも、特に大内転筋、長内転筋、薄筋を鍛えるトレーニング。稼働域が大きくないことを念頭に入れておく。無理に大きく動かそうとするとほかの部分に力が入り、効果が半減してしまう。片側1セット20〜30回を3セット。セットごとに1分間休憩を挟む。

① 左手は畳んで頭の下に回す。右足の側面を床に着けるようにする。

② 伸ばした左足をゆっくりと上げる。腿の内側と裏側に刺激を感じればいい。

アダクション

メリハリのある太腿

Check!

NG

右の足と膝が浮いてしまっている。体幹で左足をあげてしまい、内転筋の効きが悪い。

第2章 Toned body [メリハリのある体]
メリハリのある太腿

内転筋群のトレーニング 2
ベントレッグ

恥骨筋や短内転筋をターゲットに、座った状態で内腿に力を込めて締める。電車に乗っているときや仕事中でもできるので、気がついたときに行ってみよう。1セット10秒キープして10〜15回を3セット。セットごとに1分間の休憩を挟む。

① 膝を立てて座り、後ろに手をつく。

アダクション

メリハリのある太腿

② 膝を開いた状態から閉じ、ぐっと力を込める。この状態で10秒キープする。

膝にタオルをはさむと、力が十分に入っているか確認しやすい。

第3章

Build up

逞しいボデイに
ビルドアップ

第3章 Build up ［逞しいボディにビルドアップ］
ビルドアップ

筋肉を大きく見せて逞しいボディにビルドアップする

立体的に見える視覚効果を狙う

　筋トレに取り組む男性なら、誰でも逞しいボディを作り上げることが最終目標だろう。くっきりと筋肉が盛り上がれば、プールサイドで服を脱ぐシーンが楽しみになる。

　見映えがする筋肉美のポイントは、彫刻のように立体的なビルドアップだ。筋肉に陰影がつくと、よりひとつひとつの筋肉が魅力的にアピールする。

　そのためには、どうしたらいいか？　本書では主役の筋肉の隣の筋肉をセットで鍛えることを提案している。小さくて脇役の筋肉でも、主役の筋肉の輪郭に陰影を付けて際立たせ、逞しさ、美しさを演出する仕事をしてくれる。

ケガをしないトレーニングを心がける

　2つの筋肉を鍛えるためには、予備知識として筋肉の構造を知っておく必要がある。ひとつひとつの筋肉がどの骨に付着しているのか、どちらの方向に走っているのかは効率よく鍛えるためにとても重要だ。

　さらにケガをしない心構えも身につけてほしい。負荷が大きくなると、どうしてもケガが多くなる。全力を振り絞ろうとするあまり、フォームが乱れてしまうのが一番の要因だ。

　効果的なトレーニングプログラムに関しては、第5章でくわしく解説している。こちらも参考にしながら、筋力トレーニングに励んでいただきたい。

ビルドアップ

第3章 Build up [逞しいボディにビルドアップ]
ビルドアップ

ビルドアップ
7つのポイント

目標を絞って より逞しく！

逞しい力こぶ
三角筋前部 ＋ **上腕二頭筋**
→94ページ

引き締まった胸、厚い胸板
大胸筋 ＋ **前鋸筋** ＋ **腹直筋上部**
→108ページ

割れた腹筋 6パック
腹直筋 ＋ **外腹斜筋**
→164ページ

彫刻のような腿
大腿四頭筋 ＋ **縫工筋**
→150ページ

第3章 Build up [逞しいボディにビルドアップ]
ビルドアップ

広い肩幅
三角筋側部 ＋ 上腕筋
➡ 132ページ

厚い胸板、背中
僧帽筋 ＋ 菱形筋 ＋ 脊柱起立筋
➡ 120ページ

Vシェイプ 逆三角形
広背筋外側
➡ 142ページ

ビルドアップ

第3章 Build up ［逞しいボディにビルドアップ］

逞しい力こぶ
三角筋前部＋上腕二頭筋

Muscle position

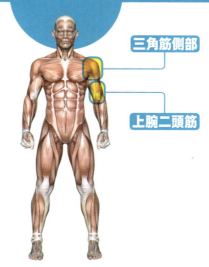

三角筋側部
上腕二頭筋

逞しい力こぶ

Training

トレーニングのポイント

　力こぶの主役は上腕二頭筋だ。しかし上腕二頭筋の中でも長頭を鍛え、さらに三角筋前部を鍛えることで、より筋の盛り上がりを強調することができる。短頭を鍛えると力こぶ下の溝が深くなり、迫力が増す。特に上腕二頭筋短頭と長頭は微妙な動きによって刺激が異なるので、正しいフォームを徹底することが大切だ。

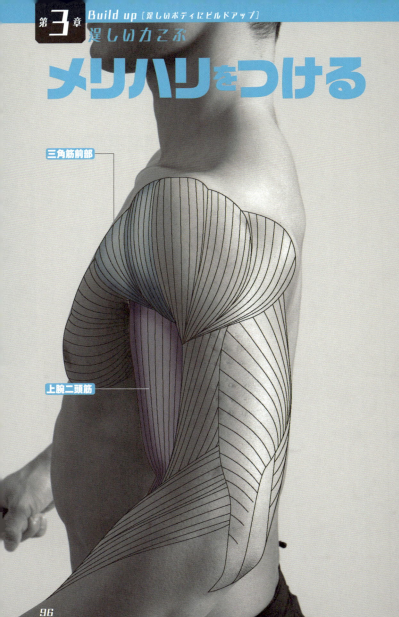

逞しい力こぶ

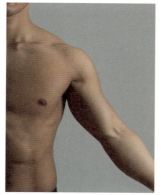

[**弛緩**]

上腕二頭筋は肘を伸ばした状態では弛緩している。

[**収縮**]

肘を曲げ、筋肉を収縮させると上腕二頭筋が盛り上がった。三角筋前部との境目に注目。

野球でボールを投げる際、腕を振り上げるときには三角筋が活躍する。

ロッククライミングは上腕二頭筋の力で体を持ち上げる。

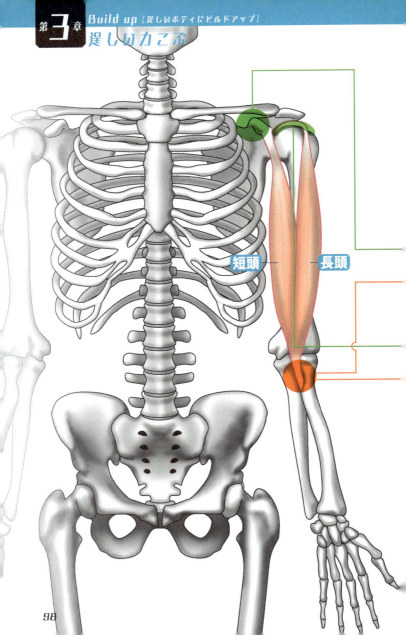

上腕二頭筋 の構造

structure of the biceps brachii muscle

逞しい力こぶ

Build up

　停止位置が同じで、起始が異なる筋ふたつに分けられ、長頭、短頭と呼ぶ。上腕二頭筋の場合、力こぶを作った腕を上から見て、外側（親指側）が長頭、内側（小指側）が短頭となる。

上腕二頭筋短頭

起始
肩甲骨の烏口突起先端

停止
橈骨粗面、上腕二頭筋腱膜を介して前腕筋膜

上腕二頭筋長頭

起始
肩甲骨の関節上結節

停止
橈骨粗面、上腕二頭筋腱膜を介して前腕筋膜

上腕二頭筋（短頭、長頭）

Biceps brachii muscle

　上腕二頭筋は、停止は同じだが起始が異なる二頭で構成される。正面から見て体の外側が長頭、内側が短頭となる。日常生活では肘関節を屈曲したり回外（手の平を上に向ける）するときに使うが、何といっても逞しい力こぶの主役として存在感を誇示する。

第3章 Build up [逞しいボディにビルドアップ]
逞しい力こぶ

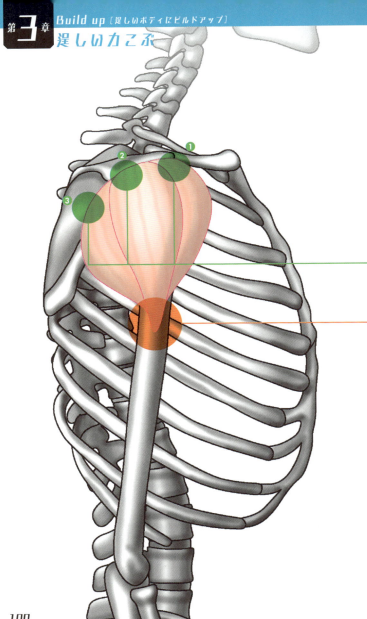

三角筋の構造

Structure of the deltoid muscle

三角筋の前部は鎖骨に付着し、中央と後部は肩甲骨に付いている。停止はいずれも上腕骨で、3つの力強い筋肉で腕を高く上げたり、振り回す運動を可能にしている。

三角筋

起始
1. 鎖骨部（前部）：鎖骨の外側 1/3 の前縁
2. 肩峰部（側部）：肩甲骨の肩峰
3. 肩甲棘部（後部）：肩甲骨の肩甲棘の下縁

停止
上腕骨の三角筋粗面

Build up　逞しい力こぶ

三角筋前部

Deltoid muscle

筋全体を広げると二等辺三角形になることから三角筋と呼ばれる。日常生活やスポーツで腕を上げる動作に関わる。起始により3つに分かれるが、力こぶのメリハリに必要なのは鎖骨に付く三角筋前部。

第3章 Build up［逞しいボディにビルドアップ］
逞しい力こぶ

上腕二頭筋短頭のトレー
ダンネルスピネ

力こぶの逞しさのひとつ、力こぶの下の溝は短頭の発達による。トレーニングのポイントは、小指側から巻き上げることを意識してダンベルを上げることだ。ダンベルの重さに負けて肩が上がると効果が半減する。あくまでも肩を下げた状態で運動を繰り返す。片側1セット10〜15回を3セット。セットごとに1分間の休憩を挟む。

背筋を伸ばし、まっすぐに立つ。左右交互にトレーニングを行う。

ニング
イトカール

逞しい力こぶ

②
小指から巻き込むように肘を曲げる。十分に腕を引き寄せる。

Check!
Check!

NG

肩が上がっている。体のほかの部分に力が入り、効果的な運動になっていない。

第3章 Build up［逞しいボディにビルドアップ］
逞しい力こぶ

上腕二頭筋長頭のトレー
コンセントレー

上腕二頭筋長頭を鍛えることで、力こぶの盛り上がりをより強調することができる。ダンネルスピネイトカールではダンベルを小指側から巻き込んだが、この場合は親指側に力を込めてカールする。
片側1セット10〜15回を3セット。セットごとに1分間の休憩を挟む。

① 椅子に浅く座り、肘を腿に当てるようにセットする。

Check!

ニング
ションカール

逞しい力こぶ

NG 戻ったときに力が抜けて肘が伸び切っている。負荷が抜けて効果的でないばかりか、ケガをしやすいので注意。

② 親指から中指までを意識して力を込めながら、肘を起点に腕をカールする。肩に無駄な力が入らないように下げておく。

Check!
Check!

三角筋前部のトレーニング
アーノルドプレス

ダンベルは自分の筋力に応じた重さを使う。まずは15回が限界という重さを選び、休み1分を入れながら3セット行う。慣れたら10回しか挙がらない重量で、10回3セット。手の甲を外に向けてダンベルを持つ。腕をらせん状に捻りながら耳の脇まで上げ、そこからまっすぐに真上に伸ばす。このときに前方に押し出す失敗が多いので注意する。片側1セット10～15回を3セット。セットごとに1分間の休憩を挟む。

① リラックスした状態でダンベルを胸の高さに保持する。手の甲を前に向ける。

② 息を吐きながら肘を回して耳の高さまで持ち上げる。肘をしっかりと広げ、胸を張るようにする。手の平が前を向く。

③

バンザイをするように両腕を真上に上げる腕は耳の横に来るようにする。逆の動作で最初の一に戻る。

逞しい力こぶ

第3章 Build up ［美しいボディにビルドアップ］

引き締まった胸、厚い胸板
大胸筋＋
前鋸筋＋
腹直筋上部

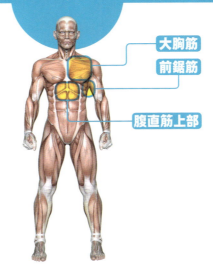

大胸筋
前鋸筋
腹直筋上部

引き締まった胸、厚い胸板

 Training

トレーニングのポイント

　主なトレーニングは大胸筋を大きくすること。トレーニングの効果が出やすく、ダンベルやバーベルを扱える重量が増えていく。
　前鋸筋は肩甲骨を外転（前方に突き出す）させる筋肉で、ボクシングのストレートを打つときに使うことからボクサー筋とも呼ばれる。腹直筋上部とともに大胸筋の盛り上がりを強調する。

第3章 Build up [逞しいボディにビルドアップ]
引き締まった胸、厚い胸板
メリハリをつける

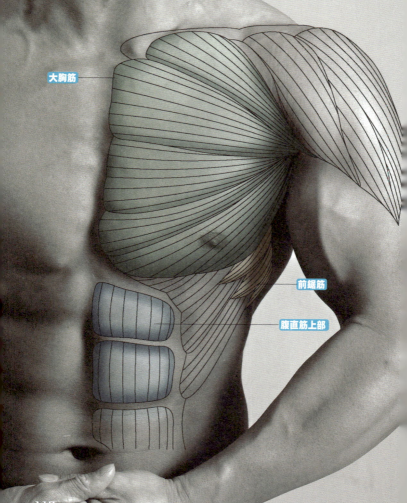

大胸筋

前鋸筋

腹直筋上部

引き締まった胸、厚い胸板

[弛緩]

力を抜いた状態でも大きな大胸筋が存在を主張している。

[収縮]

筋肉を収縮させると、腹直筋上部と前鋸筋が盛り上がり、大胸筋の立体的な造形を浮き上がらせた。

テニスのフォアハンドを打つには大胸筋が不可欠。

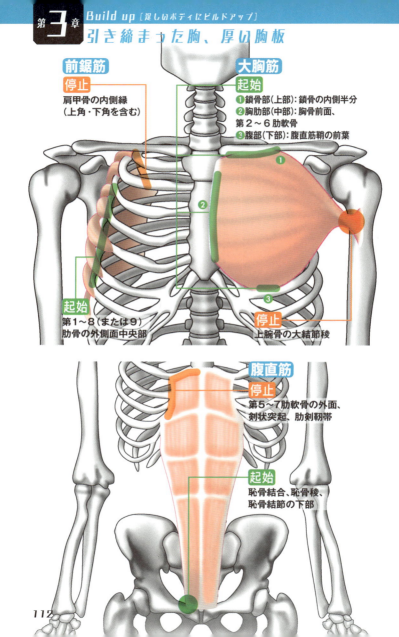

大胸筋＋前鋸筋＋腹直筋上部の構造

引き締まった胸、厚い胸板

起始によって線維の方向が異なる3つのパートに分かれる。それぞれ鎖骨、胸骨、肋骨、腹直筋（鞘）に付着している。停止はすべて上腕骨。働きは、上腕の内転、内旋など。

大胸筋
Pectoralis major muscle

厚い胸板を作り、逞しい肉体を演出する筋肉。筋肉自体が大きいため、トレーニングの効果も分かりやすい。日常生活では重いものを抱えるときに使う。

前鋸筋
Serratus anterior muscle

胸郭外側面にある胸腕筋のうちのひとつ。のこぎりの歯のように肋骨に付着しているのが名前の由来だ。肩甲骨を外転させ、上方に大胸筋の下部や外側と溝を作るため、引き締まった大胸筋を演出する。回転する運動や深い呼吸に作用する。

腹直筋上部
Rectus abdominis muscle

腹直筋は、腹部中央にあって6つ（4〜8）に割れる6パックをつくる。その最上段の左右2パックが大胸筋下部との境目を深くし、より引き締まった胸を際立たせる。

第3章 Build up［逞しいボディにビルドアップ］
引き締まった胸、厚い胸板

大胸筋のトレーニング
ダンベルプレス

ポイントはダンベルを胸の高さに下ろすこと、つまり脇を60度の角度にすること。脇を開きすぎると効果が半減するばかりか、ケガの原因になる。片側1セット10〜15回を3セット。セットごとに1分間の休憩を挟む。

①
膝を曲げ胸を張って横になる。肘を伸ばしてダンベルを構える。

脇が60度に開いているかは、真上から見るとよく分かる。脇が開きすぎるとケガの原因にもなる。

引き締まった胸

② 息を吸って胸を拡張しながら胸の位置にダンベルを下ろす。ここから息を吐きながら、胸の力でまっすぐに押し上げる。

第3章 Build up［逞しいボディにビルドアップ］
引き締まった胸、厚い胸板
前鋸筋のトレーニング
セラタスプッシ

肘をついた状態での腕立て伏せ。肩甲骨を前に出すこと（開く）を意識することで前鋸筋に刺激を与えることができる。ポイントは肩甲骨を「閉じる、開く」に集中すること。片側1セット20～30回を3セット。セットごとに1分間の休憩を挟む。

① 肘と爪先で体をまっすぐに支える。手は軽く握って顔の下で寄せておく。

② 肩甲骨を内側に寄せるように徐々に力を抜いて体を下げる。元に戻るときは肘、肩（肩甲骨）を前に突き出すように肩甲骨を開く。

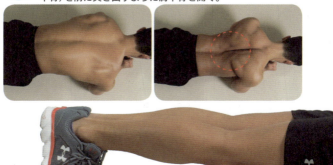

ユアップ

引き締まった胸

Check!

腹直筋上部のトレーニング
クランチ

引き締まった胸、厚い胸板

クランチは腹筋を鍛えるための代表的な種目。頭からロールアップすることで、腹直筋上部を集中して鍛えることができる。オーソドックスな動作のため、回数を意識してフォームが乱れてしまうことがよくある。1回ずつしっかりと集中して行うようにする。1セット20～30回を3セット。セットごとに1分間の休憩を挟む。

膝を直角に曲げ、腕を胸の前で組む。背中は床に着けるが、頭は軽く浮かせておく。

息を吐きながら背中を丸める。顎を引いて頭からロールアップしていくことで、腹直筋の上部が強く働く。

Check!

引き締まった胸、厚い胸板

NG 脚が伸びて負荷が分散してしまう。こうならないためには、腿を十分に引きつけておく必要がある。

第3章 Build up [逞しいボディにビルドアップ]

厚い胸板、背中
僧帽筋＋菱形筋＋脊柱起立筋

Muscle position

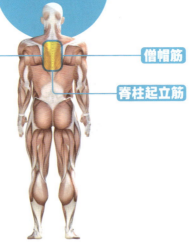

菱形筋 　　僧帽筋　　脊柱起立筋

厚い胸板、背中

Build up

 Training

トレーニングの
ポイント

　「厚い胸板」「厚い背中」、この両者があることで、立体的な迫力がある上半身が完成する。厚みのある大胸筋（P.112）だけでなく背中側にある僧帽筋、菱形筋、脊柱起立筋の厚みも重要なのである。僧帽筋は起始によって3つに分けられるが、ここでのトレーニングの中心は中部と下部。肩甲骨を寄せることで刺激を与えることができる。菱形筋も同時にトレーニングできる。

　脊柱起立筋（りょうけいきん）の鍛錬は、脊柱（背骨）を反らせるものである。

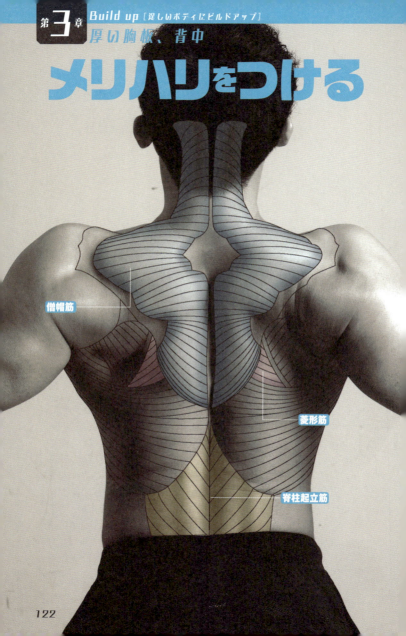

厚い胸板、背中

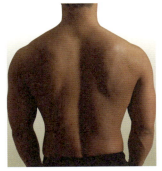

[弛緩]

鍛え上げた肉体でも、力を抜いた状態ではそれぞれの筋肉の存在はあいまいだ。

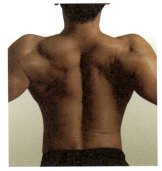

[収縮]

カー杯に胸を張って筋肉を収縮させると、それぞれの筋肉の形がはっきりと分かる。

重い荷物を持つときにも、僧帽筋、菱形筋、脊柱起立筋が働く。

第3章 Build up［逞しいボディにビルドアップ］
厚い胸板、背中

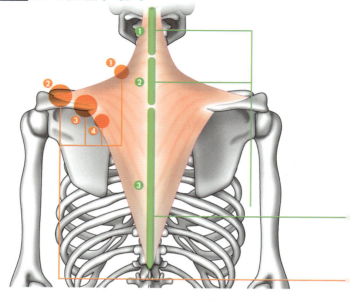

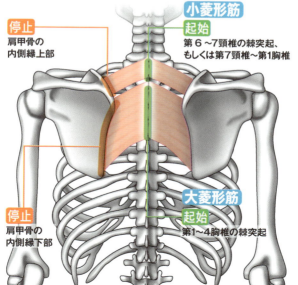

小菱形筋
起始
第6〜7頸椎の棘突起、もしくは第7頸椎〜第1胸椎

停止
肩甲骨の内側縁上部

大菱形筋
起始
第1〜4胸椎の棘突起

停止
肩甲骨の内側縁下部

僧帽筋＋菱形筋の構造

Structure of the trapezius muscle + Rhomboid muscle

上部、中部、下部の３つの繊維に分類される。起始は上部が後頭骨、中部が頸椎から胸椎の上部、下部が胸椎の下部と縦に並ぶ。それぞれの働きも異なっている。また、肩こりの原因筋としても知られる。

僧帽筋

起始
① 上部線維（下行部）：後頭骨上項線、外後頭隆起、項靭帯を介して頸椎の棘突起
② 中部線維（横行部）：第7頸椎～第3胸椎の棘突起、棘上靭帯
③ 下部線維（上行部）：第4～12胸椎の棘突起、棘上靭帯

停止
① 鎖骨外側1/3（上部）　② 肩甲骨の肩峰（中部）
③ 肩甲棘（中部）　④ 肩甲棘三角（下部）

僧帽筋
Deltoid muscle

特に左右の肩と第12胸椎を結ぶ僧帽筋は背中の表面にあるため、厚みだけでなく迫力ある背中をつくる。名前の由来はカトリック系修道士のフードに似ているため。

菱形筋
Biceps brachii muscle

大菱形筋と小菱形筋のセットで背中の上部、僧帽筋の深層にある。肩甲骨を内側に寄せ、引き上げ、胸を張って伸びる動きに関わる。菱形筋が衰えるとねこ背になる。僧帽筋のトレーニングにより、同時に大きくすることができる。

Build up

厚い胸板、背中

第3章 Build up [逞しいボディにビルドアップ]
厚い胸板、背中

深部で体幹を支える脊柱起立筋

腸肋筋群	頚腸肋筋
	胸腸肋筋
	腰腸肋筋
最長筋群	頭最長筋
	頚最長筋
	胸最長筋
棘筋群	頚棘筋
	胸棘筋

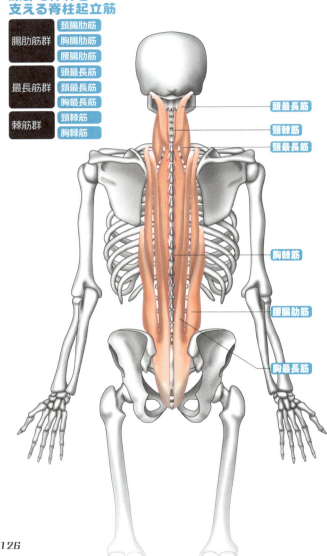

- 頭最長筋
- 頚棘筋
- 頚最長筋
- 胸棘筋
- 腰腸肋筋
- 胸最長筋

脊柱起立筋の構造

Structure of the erector spinae muscles

厚い胸板、背中 / Build up

 大小さまざまな筋肉が腰から首にかけて縦長に走る筋群。表層に僧帽筋、菱形筋、下後鋸筋などの筋が覆い、その深部に脊柱起立筋群が存在する。脊柱起立筋はさらに3層の構造を持ち、外側に腸肋筋群、内側に最長筋群、最内側に棘筋群が重なる。ここでは触れないが、その内側には横突間筋（半棘筋、多裂筋、回旋筋）があり、共同して働く。

背中の表層にある筋肉と脊柱起立筋の関係

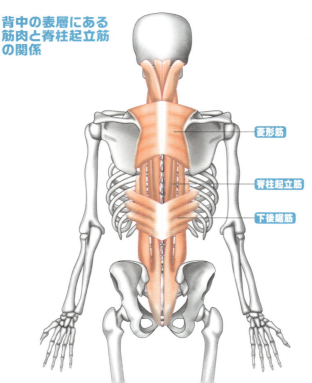

- 菱形筋
- 脊柱起立筋
- 下後鋸筋

僧帽筋＋菱形筋のトレー
ダンベルベントオ

僧帽筋と菱形筋はレスリングで相手を引きつけるような動作に必要な筋。腕だけの力でなく、背中と肩甲骨から大きく動かすことがポイントとなる。そのために意識したいのが肩甲骨を内側に寄せる動き。力強く寄せることで筋肉が刺激される。1セット10〜15回を3セット。セットごとに1分間の休憩を挟む。

① 立った位置から腰を真っすぐ保った状態で上体を傾け、背中が水平になるポジションをとる。膝をやや曲げ、腕はまっすぐに下げる。

ニング
ーバーローイング

厚い胸板、背中

NG
肩甲骨が寄っていない。上腕の力に頼り、僧坊筋に力が入っていない。

Check! Check!

②
肘を横に広げてダンベルをみぞおちの脇に引き寄せる。このときに肩甲骨が中央に寄っていることを意識する。

脊柱起立筋のトレーニング
バックエクステン

すべての動きの基礎となる体幹の運動。肩甲骨を寄せると動きやすいが、僧帽筋の菱形筋が強く働くので、ここではあえて背骨だけを反らせることで、脊柱起立筋にフォーカスする。1セット30〜50回を3セット。セットごとに1分間休憩を挟む。

① 脱力してうつ伏せに寝る。

② 息を吐きながら上体を持ち上げる。みぞおちを支点にするイメージで行うといい。背中は腰からではなく胸から反らせるようにする。

ション

厚い胸板、背中

NG
大きく反ろうとして、腰から曲げて脚が上がってしまった。腰が反りすぎて痛みが出る危険性がある。

Check!

第3章 Build up ［逞しいボディにビルドアップ］

広い肩幅
三角筋側部＋上腕筋

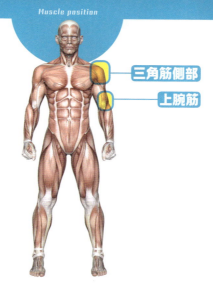

三角筋側部
上腕筋

Build up 広い肩幅

 Training

トレーニングのポイント

　三角筋は3つのパートを鍛え分けることが可能。広い肩幅の主役、三角筋側部を重点的にトレーニングするのが近道となる。
　上腕筋は三角筋に比べると小さく顕著な肥大は難しいが、三角筋側部と隣接するため、肩に立体的なメリハリを出すためには欠かせない筋肉だ。

第3章 Build up [楽しいボディにビルドアップ]
広い肩幅
メリハリをつける

三角筋側部
P.100参照

上腕筋

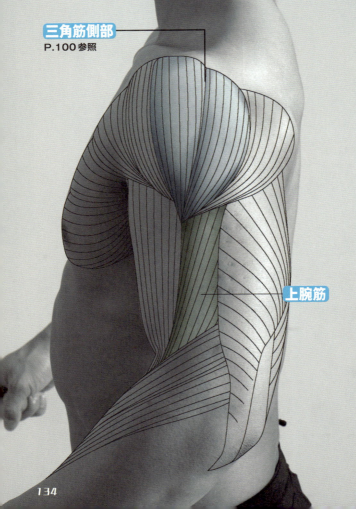

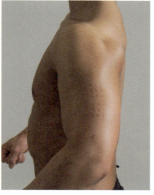

[弛 緩]

発達した三角筋は、力を抜いた状態でもよく分かる大きな筋肉だ。

[収 縮]

三角筋側部と上腕筋が隆起し、溝が深まっていることが分かる。

広い肩幅

速く、力強い泳ぎには、強い三角筋が重要である。

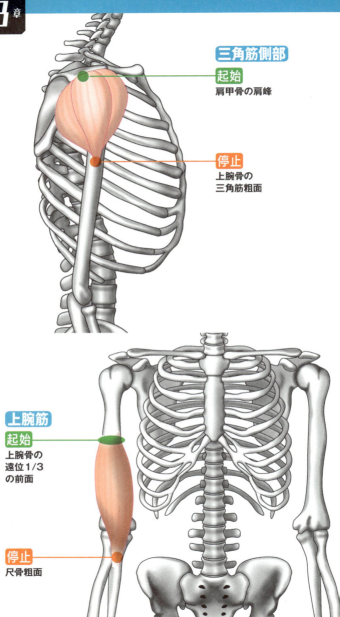

三角筋側部
＋上腕筋
の構造

Structure of the The deltoid muscle side + brachialis muscle

　上腕筋は上腕二頭筋と混同されることがあるが、まったく違う筋肉。力こぶを作るのは二頭筋だが、腕に縦に走る溝を刻んでハードに見せるために、意外に重要なのが上腕筋だ。ただし、大きさは二頭筋より小さい。上腕骨から肘関節につながっている。
　三角筋側部は、3つの起始を持つ三角筋の中央部。横に張り出す形であり、肩幅の強調には欠かせない筋肉だ。

三角筋側部

Deltoid muscle

　三角筋は起始によって3つに分類できるが、肩幅を大きく見せるのは中央に位置する側部。横を向いて立ったときに正面に見える筋肉だ。この筋肉が大きく盛り上がると肩全体のボリュームがアップする。

上腕筋

Biceps brachii muscle

　肘の屈曲筋。上腕二頭筋は掌を上に向けたときに力が入るが、上腕筋は横に向けても収縮する。トレーニングではその性質を利用する。上腕筋が大きく膨らむことで、三角筋側部との溝が深まり、三角筋側部の横への張り出しがより強調できる。

第3章 Build up［足しのボディにビルドアップ］
広い肩幅

三角筋側部のトレーニング
ダンベルサイド

ダンベルをなるべく遠くに移動させることがポイント。反動をつけずにゆっくりと上げ、トップの位置で少しキープするくらいの気持ちででいねいにしっかり挙げるといい。持ち上げる高さは地面と平行かやや上。肘は軽く曲げるくらいがケガもしづらく効果も上がる。1セット10〜15回を3セット。セットごとに1分間の休憩を挟む。

Check!

①

背筋をまっすぐに伸ばしリラックスをして立つ。肘はやや曲げ視線は前方に置く。

レイズ

Build up 広い肩幅

Check!

②
息を吐きながらゆっくりと真横に振り上げる。このとき反動をつけないように気をつける。肩の高さに上げしばらくキープし、ゆっくりと下ろす。

NG 肩より大きく上方に挙げると、肩を痛める危険性がある。また、掌が前を向かないように注意する。

第3章 Build up [逞しいボディにビルドアップ]
広い肩幅

上腕筋のトレーニング
リバースカール

カールするときに掌が上に向くと、上腕二頭筋のトレーニングになってしまう。上腕筋の特徴を知って、掌を下に向けたまま行うのがいい。上体を固定して肘から曲げることで効果が上がる。体を傾けるとほかの筋肉に力が分散してしまう。1セット10〜15回を3セット。セットごとに1分間の休憩を挟む。

軽く肘を曲げリラックスして立つ。ダンベルは掌を下にして持つ。

❷

息を吐きながら両肘を曲げる。最後まで掌が下を向いていることが肝心。肘を挟みつぶしていく意識で行う。

広い肩幅

NG

引き上げたときに掌が上を向いてしまっている。

第3章 Build up ［逞しいボディにビルドアップ］

Vシェイプ 逆三角形
広背筋外側

Muscle position

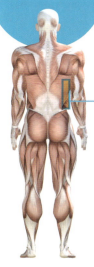

広背筋外側

Build up

Ｖシェイプ 逆三角形

Training

トレーニングの ポイント

　広背筋は大きな力を発揮する筋肉。チンニング（懸垂）も広背筋を鍛える代表的なメニュー。腕の力ではなく、背中の力で体を上げるようにする。
　Ｖシェイプを目指すなら、特に外側に意識を集中させる。筋肉の幅を出すことを目標としたい。

第3章 Build up [逞しいボディにビルドアップ]
Vシェイプ 逆三角形

メリハリをつける

広背筋外側

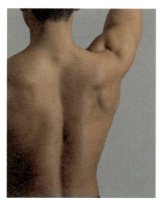

[**弛緩**]

鍛え上げた肉体でも、力を抜いた状態ではそれぞれの筋肉の存在はあいまいだ。

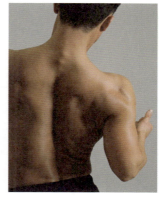

[**収縮**]

体側部の皮膚にしわが寄っているが、これはこの部分の筋肉に力が入って縮んでいる証。

Vシェイプ 逆三角形

懸垂や棒にぶら下がって引き上げる運動では、広背筋をよく使う。

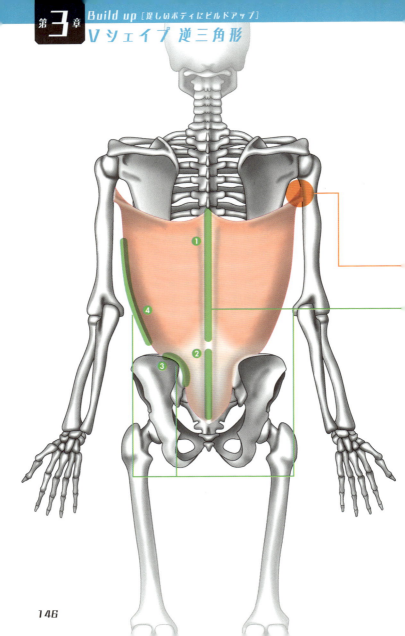

広背筋の構造

Structure of the latissimus dorsi muscle

V シェイプ 逆三角形

胸椎から腰椎、骨盤さらには肋骨から始まり、上腕骨に止まる大きな筋肉。起始の位置によって4つに分かれ、筋繊維の方向も下から上外、水平と異なる。脇の下に手を入れて触ることで、発達具合を確認することができる。

広背筋

停止
上腕骨の小結節稜

起始
❶第6(または7)胸椎から
第5腰椎にかけての棘突起
(胸腰筋膜を介す)
❷正中仙骨稜
❸腸骨稜の後方
❹第9(または10)～
12肋骨、肩甲骨の下角

広背筋外側

Latissimus dorsi muscle

　広背筋は背中にあって体を支えていると勘違いされやすいが、上腕骨に付着して肩甲骨を寄せたり下げたり、腕を動かす役割を担っている。鉄棒にぶら下がって体を引き上げる、水泳で水をかくなどの力は広背筋による。

　逆三角形の体を作るには、面積の大きな広背筋の中でも外側を鍛えるといい。広背筋は全体としては扇形であるが、広背筋外側は、体に対して縦に走る筋肉である。従って、片側の脇をつぶすように動くと集中して鍛えることが可能となる。

第3章 Build up［足しいボディにビルドアップ］
Vシェイプ 逆三角形
広背筋外側のトレーニング
ワンハンドロー

広背筋は胸を反らせ肩甲骨が骨盤側に下がり内側に寄り、脇を閉じるように腕を引き付けたときに最も収縮する。ただ肘を曲げてダンベルを持ち上げるのではなく、肩甲骨の動きを意識することが大切だ。そのためには体幹を使って背中から大きく動かすことがポイント。戻すときは逆に肩甲骨を広げることを意識する。片側1セット10〜15回を3セット。セットごとに1分間の休憩を挟む。

肩（肩甲骨）が広がり、腕を付け根から下に下げた状態にする。

イング

Build up

Vシェイプ 逆三角形

肘を曲げてダンベルを持ち上げている。肘の角度が小さくなっているのが分かる。

② 息を吐きながらゆっくりと引き上げる。背中を軽く捻りながら反らせ、脇をつぶすように上体を軽く横曲げする。肩甲骨を寄せ、しっかり下げる。腕を腰に巻きつけるイメージで引きつける。

Check!

第3章 Build up [美しいボディにビルドアップ]

彫刻のような腿
大腿四頭筋
＋縫工筋

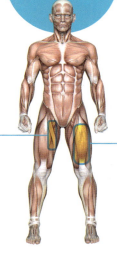

縫工筋

大腿四頭筋

彫刻のような脚

Training

トレーニングのポイント

　大腿四頭筋の代表的なトレーニングはスクワット。内側広筋と外側広筋を盛り上げるには最適だ。大きな筋肉なので効果も現れやすい。その間にある大腿直筋が鍛えられると大腿部に縦の溝が刻まれ、美しさを演出する。なお、中間広筋は深層にあるため、外観からは確認することはできない。

　縫工筋は内側広筋のさらに内側を縁取るように伸びている。こちらも縦の溝を作るもので、立体的な肉体美を演出する。

第**3**章 Build up［逞しいボディにビルドアップ］
彫刻のような腿

メリハリをつける

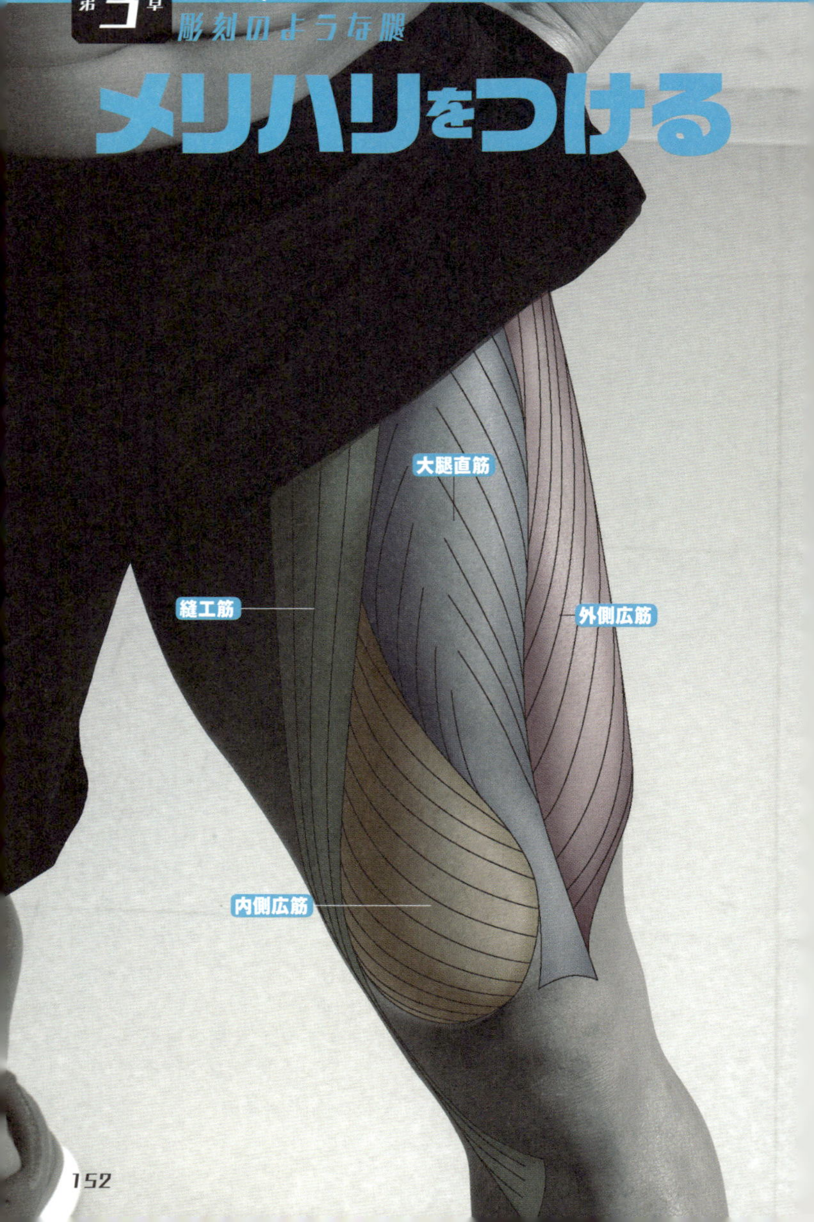

大腿直筋

縫工筋

外側広筋

内側広筋

彫刻のような腿

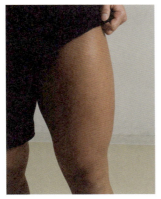

[弛緩]

体脂肪は落ちているが、筋肉の形は分かりづらい。

[収縮]

太腿を引き絞るように力を込めると、外側に大腿四頭筋、中央に大腿直筋、内側に内側広筋と縫工筋が浮かび上がった。

サッカーで、力強いシュートを打つためには、大腿四頭筋、縫工筋を鍛える必要がある。

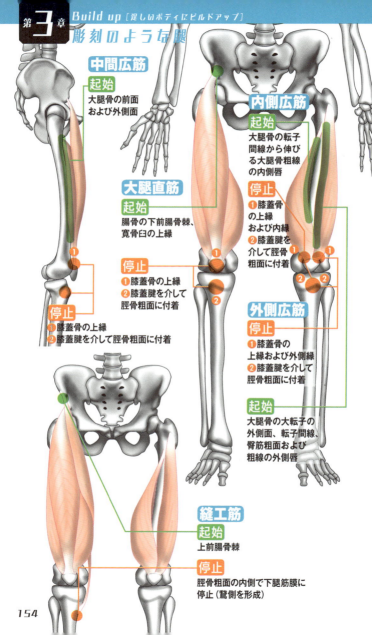

Structure of the quadriceps femoris muscle

大腿四頭筋＋縫工筋の構造

Build up

彫刻のような腿

大腿四頭筋は中間広筋、内側広筋、外側広筋、大腿直筋の4つの筋肉で構成されている。起始は違うがすべて膝蓋骨で停止している。太腿に力を入れることで、容易に自ら筋肉を確認することができる。

縫工筋
Sartorius muscle

大腿部の内側を走る人体で最長の筋肉。大腿四頭筋の内側の輪郭を際立たせる。胡座をかく動きで使う筋肉で、かつて裁縫職人の腿が発達したことから名づけられた。サッカーのインサイドキックでも使われる。

大腿直筋
Rectus abdominis muscle

太腿の前面、中央に伸びる筋肉。起始が骨盤（腸骨、寛骨臼）にあるため、ふたつの関節にまたがっている。膝関節とともに股関節の動きに関わる。脚を振り上げる動きの主役。大腿に縦の溝を刻むために必須の筋肉。

内側広筋
Serratus anterior muscle

膝のすぐ上、内側に盛り上がる筋肉。涙のしずくのような形になることから、ティアドロップと呼ばれる。

中間広筋
Pectoralis major muscle

大腿前部の深層にある大きな筋肉。外観でアピールすることはできないが、膝を伸ばす動きに貢献する。衰えると立ち上がる力が弱くなる。

外側広筋
Rectus abdominis muscle

大腿の外側に伸びる大きな筋肉。発達すると外側に張り出し流線型の美しいフォルムを作る。内側広筋とともに彫刻のような太腿をビルドアップする主役といえる。

第3章 Build up［逞しいボディにビルドアップ］
彫刻のような腿

内側広筋＋外側広筋のトレーニング
スクワット

大腿四頭筋の中でも内側広筋と外側広筋が大きくなると、大腿外側と膝上内側のアウトラインが変わるため、体型の印象ががらりと変わる。代表的なエクササイズはスクワット。背中は真っすぐに保ち、ピストンのように上下するのがポイントとなる。1セット30〜50回を3セット。バーベルを担ぐ場合は、10〜15回を3セット。セットごとに1分間の休憩を挟む。

腕を胸の前で組み、脚を肩幅に開いて立つ。

NG例では、膝が前に出ている。逆に背中が丸まるのもNG。

彫刻のような腿

Check!

② 真っすぐに降りていく。膝が完全に曲がるのが理想だが、姿勢が崩れるようなら初めのうちは腿が床と平行になるまででよい。

157

第3章 Build up［逞しいボディにビルドアップ］
彫刻のような腿

大腿直筋のトレーニング 1
シッシースクワット

太腿の中央を走る大腿直筋を鍛えるメニュー。この筋肉は骨盤に付着しているので、体を反る動きでより刺激を与えることができる。できるだけ爪先に体重をかけると効果が上がる。バランスを崩さないように壁などで軽く体を支える。ただし、膝の前部が痛くなる場合があるので違和感を感じたら中止するか、角度を浅めにする。1セット20～30回を3セット。セットごとに1分間の休憩を挟む。

Check!

頭の先から肩、腰、かかとが一直線になった正しい姿勢。壁で軽く体を支える。

②

膝とベルトラインと肩が弓形に反る。爪先に体重をかけ、太腿の中心を意識する。

彫刻のような腿

第3章 Build up［逞しいボディにビルドアップ］彫刻のような腿

大腿直筋のトレーニング 2
レッグエクス

大腿直筋を鍛えるトレーニングをもうひとつ紹介しよう。シッシースクワットがきれいにできない場合、痛い場合は、こちらから始めるといい。
椅子に座り、まっすぐに蹴り上げた太腿にぐっと力を込めて保持する。しっかりと大腿直筋が収縮しているか、手で触って確認をする。片側1セット10秒キープして10〜15回を3セット。マシンで行う場合は10〜15回を3セット。セットごとに1分間の休憩を挟む。

① 背筋を伸ばして椅子に座る。

テンション

②

爪先を引きつけたまま脚を蹴り上げ、(膝を伸ばしながら脚の付け根から大きく挙げる)太腿に力を込める。すべての筋肉に力が入るが、特に中央の大腿直筋を意識する。最後は脚の付け根(股関節)から脚全体を持ち上げるように蹴り上げる。この状態で筋肉を収縮させ、10秒間、保持する。

Build up

彫刻のような腿

161

第3章 Build up［逞しいボディにビルドアップ］
彫刻のような腿

縫工筋のトレーニング
インサイドキック

縫工筋は太腿の一番内側を走る細い筋肉。ここにラインが走ると大腿四頭筋が際立つ。トレーニングがしづらい部位だが、サッカーのインサイドキックをイメージした動きが最適。蹴り上げてから、ぐっと力を込める。片側1セット10秒キープして10〜15回を3セット。セットごとに1分間の休憩を挟む。

リラックスして椅子に座り、インサイドキックを蹴るように股を割って足を外に開いて準備をする。

彫刻のような腿

②
そのまま脚を外側に捻りながら蹴り上げる。この状態で筋肉を収縮させ、10秒間、保持する。

Check!

慣れてきたら膝を曲げて蹴り上げてみる。よりシューズの内側面が前に向く。

第3章 Build up［美しいボディにビルドアップ］

割れた腹筋 6パック
腹直筋＋外腹斜筋

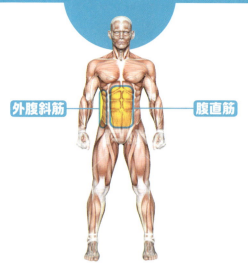

外腹斜筋　腹直筋

割れた腹筋　6パック

🏋 Training
トレーニングの
ポイント

　6パックをくっきりと目立たせるためには、外腹斜筋との境目を深くすることがポイント。腹直筋との溝が深くなると、6パックの外側の輪郭が際立つのだ。
　また、腹直筋の縦と横の腱に乗った脂肪を減らすこともはっきりした6パックを作るのに効果的。筋トレとともに食事のバランス、内容を見直したい。

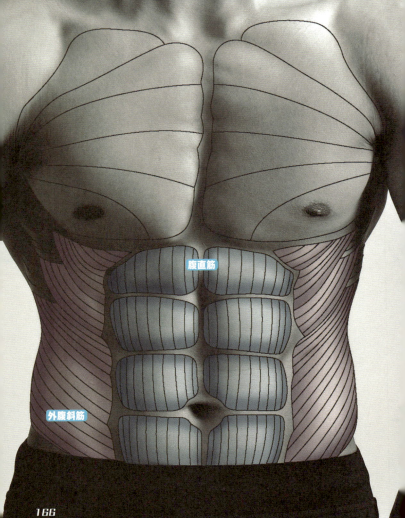

第3章 Build up ［逞しいボディにビルドアップ］
割れた腹筋 6パック

メリハリをつける

割れた腹筋 6パック

[弛緩]

体脂肪の落ちた腹部は弛緩状態でもうっすら腹直筋が見えている。

[収縮]

腹直筋、外腹斜筋が収縮してはっきりと割れた腹筋が現れた。

ボクシングでパンチを打ったり、相手のパンチに耐えるときにも体幹を固定するため腹直筋が使われる。

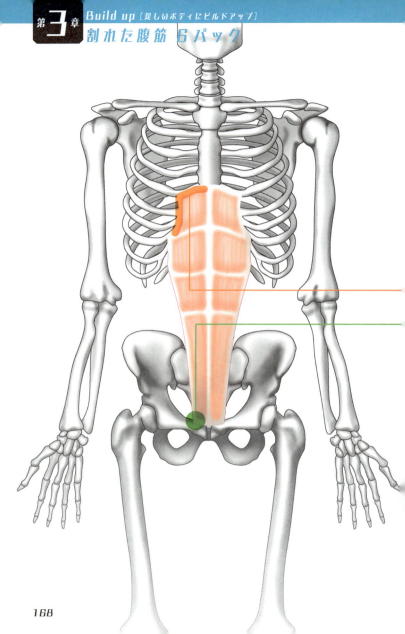

腹直筋の構造

腹直筋のトレーニングをすると筋肉が割れると勘違いされがちだが、実ははじめから6つに割れていて割れ目に脂肪が乗って隠す構造になっている。横に走る3本の線を腱画、縦に走る線を白線という。筋肉自体は恥骨から始まり、第5～7肋軟骨の外面で停止する縦に長い筋である。

腹直筋

 第5～7肋軟骨の外面、剣状突起、肋剣靭帯

 恥骨結合、恥骨稜、恥骨結節の下部

腹直筋
Rectus abdominis muscle

6パックに割れた腹筋は鍛え抜かれた肉体の象徴ともいえる。しかし、腹直筋は初めから6つに割れていて、割れ目（腹直筋の腱）に脂肪が乗って、6パックが隠された状態となっている。筋肉自体は恥骨から始まり、第5～7肋軟骨の外面で停止するタテに長い筋である。

外腹斜筋
Abdominal external oblique muscle

脇腹につき、体幹の屈曲、側屈、回旋を誘導する。また、内臓の位置を安定させたり、排便の助けをする働きもある。外腹斜筋が発達すると、腹直筋の外側の輪郭の溝が深く刻まれて6パックを目立たせるだけでなく、ウエストのくびれを強調する効果がある。（P.61参照）

第3章 Build up［美しいボディにビルドアップ］
割れた腹筋 6パック

腹直筋のトレーニング
クランチ

腹直筋を収縮させて体を起こすトレーニング。頭から丸めて背骨をひとつずつ床から離していくイメージで行うロールアップだ。フィニッシュは息を吐いて上半身を丸め、膝に近づける。体が丸まることで腹直筋がより縮まり、刺激を受ける。よくある失敗は、体の丸まりが不十分で股関節を支点にして起き上がってしまうこと。これでは十分に腹直筋を刺激することはできない。1セット20〜30回を3セット。セットごとに1分間の休憩を挟む。

②

息を吐きながら体を丸めるように起き上がる。顎を引き、背骨がひとつずつ床から離れていくようにロールアップしていく。フィニッシュは自分のへそを見るようにする。

膝を直角に曲げ、腕を胸の前で組む。頭は床から少し離しておく。

割れた腹筋 6パック

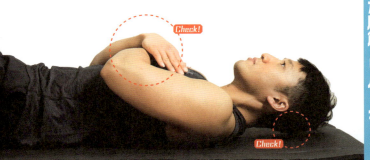

NG

脚が伸びてしまうと体が十分に丸まらない。そのため、腹直筋に十分な負荷がかからず、股関節まわりの筋肉に刺激が分散してしまっている。また、起き上がりすぎて腹筋から力が抜けて休んでしまっている。

第3章 Build up［逞しいボディにビルドアップ］
割れた腹筋 6パック

外腹斜筋のトレーニング
ツイストクランチ

基本的には腹直筋のトレーニングで紹介したクランチに捻りを加える動作と考えていい。ふたつの運動を行うことで、彫りが深く、輪郭がはっきりした6パックを作り上げることができる。片側1セット10〜15回を3セット。セットごとに1分間の休憩を挟む。

② 息を吐きながら上体をロールアップしながら捻る。

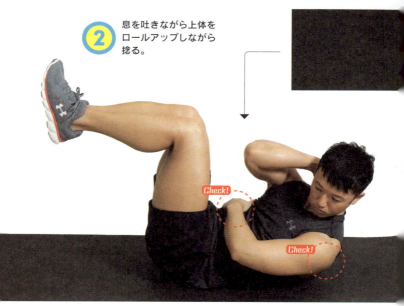

膝を直角に曲げ、右腕を頭の後ろ、ひだり腕を腹に回す。頭は軽く上げておく。

割れた腹筋 6パック

NG 脚が左に流れて左に転がってしまっているため、外腹斜筋が十分に収縮していない。

第4章

Other muscles

その他の筋肉

第4章 Other muscles [その他の筋肉]

腕橈骨筋
Brachioradialis muscle

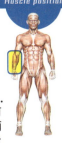

前腕前面の親指側に位置する。肘の屈曲に関わり、手首には関与しない。前腕にある筋肉の中では最大で、正面から見える力強い前腕を作りたいなら、特に鍛えるべきである。

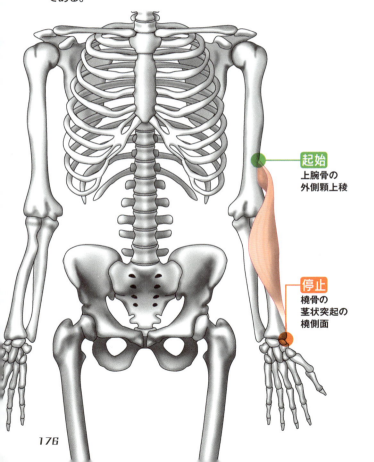

起始
上腕骨の外側顆上稜

停止
橈骨の茎状突起の橈側面

ローテーター カフ

Rotator cuff

その他の筋肉

肩関節を支える4つの筋肉、小円筋、棘上筋、棘下筋、肩甲下筋の総称。ほかの関節に比べて不安定で外れやすい肩関節を安定させる役割を担う。

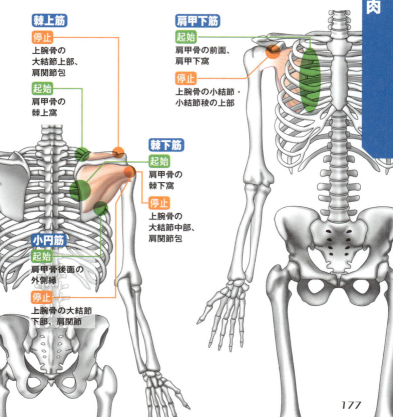

棘上筋
- 停止：上腕骨の大結節上部、肩関節包
- 起始：肩甲骨の棘上窩

棘下筋
- 起始：肩甲骨の棘下窩
- 停止：上腕骨の大結節中部、肩関節包

小円筋
- 起始：肩甲骨後面の外側縁
- 停止：上腕骨の大結節下部、肩関節

肩甲下筋
- 起始：肩甲骨の前面、肩甲下窩
- 停止：上腕骨の小結節・小結節稜の上部

第4章 Other muscles［その他の筋肉］　Muscle position

胸鎖乳突筋
Sternocleidomastoid muscle

首の側面を斜めに走る帯状の筋肉。頭や首を動かすときに使う。顔を横に向けたときに緊張して現れてくる。力強い首を演出してくれる。

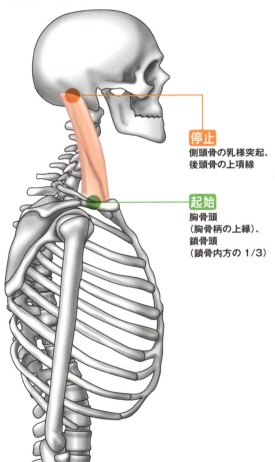

停止
側頭骨の乳様突起、後頭骨の上項線

起始
胸骨頭
（胸骨柄の上縁）、
鎖骨頭
（鎖骨内方の1/3）

腰方形筋
Quadratus lumborum muscle

主に体幹の側屈を行う。脊柱起立筋に覆われたインナーマッスル。脊柱起立筋とは神経支配が異なる。

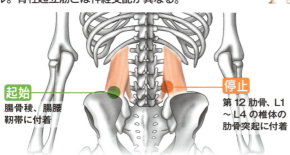

起始 腸骨稜、腸腰靭帯に付着

停止 第12肋骨、L1〜L4の椎体の肋骨突起に付着

大腰筋
Psoas major muscle

深層にある筋肉で、歩行や走行の際に太腿を上げる働きをする。この筋肉が発達すると骨盤が起きる（前傾する）ため、ヒップアップの効果もある。

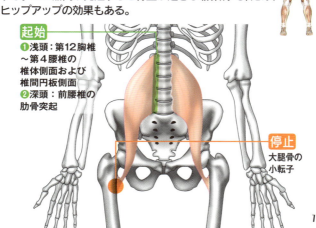

起始
❶浅頭：第12胸椎〜第4腰椎の椎体側面および椎間円板側面
❷深頭：前腰椎の肋骨突起

停止 大腿骨の小転子

その他の筋肉

腸骨筋
Iliacus muscle

大腰筋と同様に太腿を振り上げる運動に関わり、姿勢を維持するときにも重要な筋肉。大腰筋とセットで腸腰筋と呼ばれることもある。

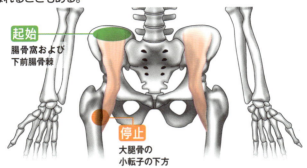

起始 腸骨窩および下前腸骨棘

停止 大腿骨の小転子の下方

梨状筋
Piriformis muscle

大臀筋の深部にあるインナーマッスル。洋なしの形に似ていることから名づけられた。この筋肉が坐骨神経に圧迫されると、梨状筋症候群という下半身にしびれなどの症状をもたらす障害が起きる。

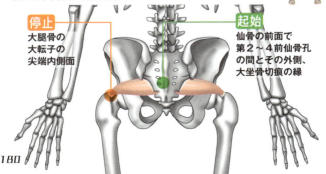

停止 大腿骨の大転子の尖端内側面

起始 仙骨の前面で第2～4前仙骨孔の間とその外側、大坐骨切痕の縁

第5章

Muscle training

筋力トレーニング

第5章 Muscle training [筋力トレーニング]
効率的に鍛える

筋力トレーニングの基礎知識

●トレーニングの前に知りたい自分の1RM

　第1章で解説した通り、筋肉は限界に近い刺激を受けることで危機感を感じ、自己防衛しようとして大きくなる。その間に一旦、傷つき癒えていく過程が必要だった。ここでは、効率的に筋肉を大きくする理論について考えてみよう。

　例として上腕二頭筋をダンベル運動で鍛えるシーンを取り上げてみよう。当然のことだが、負荷として足りない軽い重りを上げても、大きな効果は期待できないし、かなりの回数が必要になるのである。

　では、どれくらいの重さが要求されるかというと、理論的に考察された最低値が存在する。それが「65%1RM」すなわち15回挙げることができる重量だ。

　まずは、全力で1回しか持ち上がらない重量を知る。これを1RMと表現する。「65%1RM」とは、その65%の重量という意味だ。つまり、全力を出して40kgのダンベルが1回、ようやく挙上できる人の基準となる重さは26kgということになる。

●6～12回を1セットとして3セット以上

　次に何回反復すれば効果的か考えてみる。これは部位によっても異なるが、基本は67～85%1RMの重量で、6～12回の反復運動を1セットとして1種目あたり3セット以上となる。上腕二頭筋のように小さな筋肉なら、1～2種目を目安にしたい。大腿四頭筋のような大きな筋なら2～3種目などとなる。いずれにしても、筋肉に危機感を感じさせることが目的なので、限界まで繰り返すことになる。セットの間には1分間程度のインターバルを取ろう。

　女性や一般的なシェイプアップを目標とする人ならこれでいいが、

本格的なボディビルダーは75～80％1RMの重量で、数種目から10種目程度、20～30セットとして追い込んでいく。

なお、1RMの「R」はRepetition（繰り返し）、「M」はMaxを表す。10RMといえば、10回が限度の重量ということになる。

●推定1RM換算表を活用する

自分のように効果的でケガの少ないトレーニングのためには1RMを知ることが大切になる。しかし、実際に目一杯の力を出すことは危険だし、測定も難しい。

そこで便利なのが「1RM換算表」だ。例えば、26kgのダンベルを15回上げるのが限界とすれば、その人の1RMは表によって40kgと分かる。30kgが10回でも、同様の結果となる。

さらに65％1RM、80％1RMの重量も同じ表から知ることができる。筋トレには欠かせない表といえる。

推定1RM換算表

推定1RMおよびトレーニング負荷

最高反復回数(RM)	1	2	3	4	5	6	7	8	9	10	12	15
%1RM	100	95	93	90	87	85	83	80	77	75	67	65
負荷(kg)	10	10	9	9	9	9	8	8	8	8	7	7
	20	19	19	18	17	17	17	16	15	15	13	13
	30	29	28	27	26	26	25	24	23	23	20	20
	40	38	37	36	35	34	33	32	31	30	27	26
	50	48	47	45	44	43	42	40	39	38	34	33
	60	57	56	54	52	51	50	48	46	45	40	39
	70	67	65	63	61	60	58	56	54	53	47	46
	80	76	74	72	70	68	66	64	62	60	54	52
	90	86	84	81	78	77	75	72	69	68	60	59
	100	95	93	90	87	85	83	80	77	75	67	65
	110	105	102	99	96	94	91	88	85	83	74	72
	120	114	112	108	104	102	100	96	92	90	80	78
	130	124	121	117	113	111	108	104	100	98	87	85
	140	133	130	126	122	119	116	112	108	105	94	91
	150	143	140	135	131	128	125	120	116	113	101	98

『NSCA決定版　ストレングストレーニング＆コンディショニング　第3版』
（ブックハウス・エイチディ）より引用

第5章 Muscle training［筋力トレーニング］
効率的に鍛える

力を出し切る オールアウト

●筋肉を大きくするための基本

効果的なウエイトトレーニングを行うために知っておきたい基礎知識をさらに見ていこう。まず、知ってほしいのが「オールアウト」という理論だ。

オールアウトとは、筋力を出し切ることをいう。上腕二頭筋のダンベル運動では、伸ばした腕がもう曲がらない、あるいは介添えが必要という限界点がくる。ここまで力を出し切ることがオールアウトだ。

スポーツクラブで運動をしている一般のアスリートは、ダンベルやマシンを利用してもオールアウトしている人は少ない。自分で決めた重量を10回3セットというように決めて、ルーティンで行っていることが多い。実際に筋肉を大きくしようと思うなら、このやり方では不十分といえる。ちなみにプロボディビルの頂点を7度極めたアーノルド・シュワルツェネッガー氏は、痛みを感じてから、やっと数を数えるのだそうだ。

●限界点は自分だけが知りえる

オールアウト、すなわち力の限界がなぜ来るかというと、それは筋中のエネルギーが枯渇したり、筋肉に乳酸などの代謝物が溜まって疲労するからにほかならない。オールアウトは挙上を繰り返すことで筋肉が疲労困憊し、もう上げることができないとギブアップすることだ。

言い換えれば、オールアウトは本人にしか知ることができないポイントであって、極めてストイックなトレーニング概念といえる。漫然と取り組んでいたのでは本当の意味でのオールアウトはあり得ない。筋トレは自分と向き合う行為といわれるが、その言葉の真髄こそオールアウトだ。

●正しいフォームが何よりも大切

　オールアウトを行うに当たって、もっとも大切なのが正確なフォームだ。上腕二頭筋だけの力でダンベルが上がらなくなると、どうしても肩や背中の力を借りて挙上しようとする。なんとか上げたいという人間の心理が働く結果だといえる。

　しかし、フォームが乱れて、ターゲットとする筋肉に正しく負荷がかからないのでは、本末転倒になってしまう。あくまでもフォームを優先することが基本だ。そのためにはトレーナーかパートナーと一緒にトレーニングをすることが望ましい。

　また、オールアウトが向いていない種目もある。特にテクニックやスキルを要求される種目に多い。指導者と相談しながらトレーニング法を考えるのがベストだ。

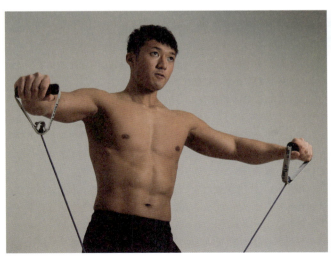

筋トレは自分との戦い。妥協しないオールアウトを目指す。

第5章 Muscle training [筋力トレーニング]
効率的に鍛える

フルレンジ
（フルストレッチ＆フルコントラクション）

●「フルレンジ」と「フルコンストラクション」

「フルレンジ」とは、筋肉の可動域をすべて使って動かすこと。上腕二頭筋でいえば、しっかりと筋肉を伸ばしてから収縮させていっぱいまで引き寄せる動作だ。「フルコントラクション」とは最大値に収縮させること。引き寄せたところで最大限に力を込めることだ。

なぜ、フルレンジが大切かというと、トレーニングには「量」が重要で、それは「重量×動かした距離」で計算できるからだ。また、トレーニング効果は、動かした範囲にのみ見られることからも、中途半端なところで繰り返す運動は効果半減となる。「フルコントラクション」は、筋肉の隆起を最大化し、溝を強調していくために重要なのだ。

●筋肉を伸ばすネガティブ動作もていねいに

フルコントラクションと対になって使われるのが「フルストレッチ」だ。これは簡単にいえば、しっかりと筋肉を伸ばすことを指す。これも可動域を広くすることに関係する。

筋肉を伸ばしていく運動はネガティブ動作と呼ばれる。ネガティブ動作もしっかりと行うことが筋肉への刺激をアップさせる。自己流のトレーニングを実践している人には、ネガティブ動作を軽視する傾向が見受けられるが、それは間違いだ。ダンベルを戻して筋肉を伸ばしていく際も集中することが重要だ。

フルストレッチで失敗しやすいのが、伸ばし過ぎ。完全に伸ばして弛緩させてしまうとケガの原因となる。力が完全には抜けないポイントを把握してトレーニングをしたい。

また、初心者の中には反動をつけて、「伸ばす→収縮」を繰り返している人がいるが、これもケガの原因となる。

効率的に鍛える

●鍛えている筋肉をピンポイントで意識する

筋トレの効果を上げるためには、刺激を与えている部位に意識を集中することが重要となる。自分がどの筋肉を鍛えているかが曖昧では、トレーニングが散漫になる。たとえば、肩の三角筋なら前部、中央部、後部を意識できるまでになりたい。意識して狙ったパーツが疲労していくか自らモニタリングするのだ。

そのときに効果的なのが、自分で筋肉を目視すること。その行為によって集中力を上げることができる。

●トレーニング中は呼吸を止めない

筋トレの際のもうひとつの基本が呼吸だ。ウエイトを上げるときにゆっくりと息を吐き、下ろすときに息を吸うのがセオリー。呼吸を止めてトレーニングを行うのはNGだ。

なぜ呼吸が重要かというと、息を止めていきむことで、一時的ではあるが血圧が上昇して、血管障害のリスクを高めてしまうからだ。

目標としている筋肉を目視することで集中力のアップを計る。

第5章 Muscle training [筋力トレーニング]
効率的に鍛える

筋トレプログラム

●筋トレには休息が必要

　筋トレに取り組んだら、すぐに効果を実感したいという気持ちは誰にもあるはずだ。しかし、結果を求めて毎日、トレーニングを積めばいいかというとそうではない。筋肉を大きくするためには休息も必要なのだ。

　それを理解するために、22ページに示した「筋肉肥大のメカニズム」を見直してほしい。負荷の強いトレーニングを受けた筋肉は筋線維が傷つき、そこから成長因子が分泌されて筋肉を大きくする。すなわち、休んで疲れを癒やすとともに発達する仕組みになっている。

　では、どれくらいの休みが必要かというと、個人差やトレーニングのハードさにもよるが、一般的に48〜72時間とされている。したがって、本書で提案しているビギナーから中級者用のトレーニングメニューであれば、1日おきに2つのプログラムを繰り返すのがいいだろう。慣れてきてハードに取り組むようになれば、2日のトレーニングに1日の休息日を入れた2オン1オフが効果的となる。さらに上級者はDAY1、DAY2を交互に連続して6日行い、1日休みを入れる。6オン1オフもいいが、痛みや違和感には敏感なこと。

●正しいフォームで行うのが大前提

　次に毎回のトレーニング方法について考えてみる。ビギナーであれば、正しいフォームを身につけるために軽めのウエイトから始めることが求められる。15〜20回を行ってオールアウトに近い運動量となるウエイトを見つけよう。それを1セットとして、1分間のインターバルを入れて3セット行うようにする。

　徐々に楽に挙上できるようになったら、回数を増やすよりもウエイ

トを上げていくといい。

●効果が実感できるとモチベーションがアップする

キレのある体を作るためには、筋肉を大きくすることと、体脂肪を減らすことが必要だ。発達した筋肉を覆い隠す体脂肪は、食事改善で除去するのがよい。

以上のプログラムに取り組んだ場合、トレーニング効果を実感できるまでに2〜3カ月かかると覚えておくといいだろう。しばらく続けても、「効果がない」と止めてしまうのはもったいない。体型の変化に気づくようになれば、モチベーションも上がってくる。最初のうちは我慢が必要だ。

女性用 メリハリのあるボディをつくる

1日めは下半身中心のメニュー、2日めは上半身中心のプログラムとした。これを1日ごとに繰り返し行う。

DAY1 下半身

大臀筋	バックキック	42ページ
ハムストリング	グッドモーニング・エクササイズ	44ページ
内転筋群1	ストレートレッグアダクション	82ページ
内転筋群2	ベントレッグアダクション	84ページ
腓腹筋	母趾球カーフレイズ	52ページ
下腿三頭筋	ノーマルカーフレイズ	54ページ

DAY2 上半身

腹横筋	ドローイン	62ページ
腹斜筋	ベントレッグツイスト	64ページ
三角筋後部	リアレイズ	72ページ
上腕三頭筋長頭	トライセップスキックバック	74ページ

男性用 逞しい肉体をつくる

鍛える部位による2日分のプログラム。1日ごとに繰り返し行う。

DAY1 胸・腹・肩・腕

大胸筋	ダンベルプレス	114ページ
前鋸筋	セラタスプッシュアップ	116ページ
腹直筋上部	クランチ	168ページ
三角筋側部	ダンベルサイドレイズ	136ページ
上腕筋	リバースカール	138ページ

DAY2 背中・脚

広背筋外側	ワンハンドローイング	146ページ
僧坊筋+菱形筋	ダンベルベントオーバーローイング	128ページ
脊柱起立筋	バックエクステンション	130ページ
内側広筋+外側広筋	スクワット	154ページ
大腿直筋	シッシースクワット	156ページ

●タンパク質の多い食事が基本

　筋肉を大きくするためには食事の管理が必須となる。なんといっても重要なのがタンパク質だ。筋肉を構成するタンパク質を合成するためには、やはりタンパク質が豊富な食事を欠かさずに取る必要がある。

　そのときに覚えておいてほしいのが、トレーニング前後のタンパク質摂取が効果的ということだ。仕事の関係でトレーニングが夜になるという人もいると思うが、食事はなるべく前後を充実させたい。

　高タンパクの食材としては、牛ヒレ、豚ヒレ、鶏胸（皮なし）、鶏ささみなど脂身の少ない肉類が一番。魚介類では、マグロ赤身、サバ、サケ、タラなどが挙げられる。

　サプリメントでタンパク質をさらに補いたい人には、ホエイプロテインがおすすめだ。また、アミノ酸のロイシンが筋肥大には特に有効であることを知っておいてほしい。ロイシンには筋タンパク合成を促進する働きがある。ロイシンはBCAAサプリメントに含まれている。

●トレーニングに欠かせない炭水化物

　タンパク質と並んで重要なのが炭水化物だ。炭水化物は運動のエネルギー源となる。炭水化物を取らずに運動をすると十分なパワーが発揮できず、そのため有効な筋トレにならないことになる。しかも、エネルギー不足が顕著になると、筋肉が分解されてしまうため逆効果にもなりかねない。

　炭水化物を有効に使うためには、運動の前に摂取するのが好ましい。そうすることで、トレーニングのパフォーマンスを十分に引き出すことが可能となる。マラソン選手やテニス選手がバナナを食べているのと同じ理屈だ。炭水化物はタンパク質合成にも必要ということも覚え

ておこう。

また、炭水化物は体脂肪蓄積の原因ともなるが、運動前の摂取ならエネルギーとして消費するため問題がない。逆に運動しないときに炭水化物を取る量は控えるべきだ。

とはいうものの、何よりもバランスの取れた食事が重要。野菜もたっぷりと摂ってビタミン、ミネラル、食物繊維を摂取して強い体を作る条件を整えよう。

肉体作りにはカロリー計算も重要。個人差はあるが、筋肉を大きくしたいならカロリーは多めに摂るとよい。ただし、糖質の多い清涼飲料水やお菓子は避けて、リアルフード（素材を活かした固形の食料）から、タンパク質を多めに、そしてその他の栄養素もバランスよく摂るようにしよう。

●水分不足は疲労を早める

忘れてはいけないのが水分の補給だ。トレーニング中の水分不足は、集中力を欠き筋肉疲労の原因となる。パフォーマンスの減退を招くのだ。さらに水分不足は筋肉のけいれんなどのトラブルの原因となる。十分な水を取り、新陳代謝を活発にしておきたい。

●筋肉を失わず、筋肉を多く付ける

筋肉をつけるためにはよく1日6食がすすめられているが、これは通常の2倍食べろ、というわけではない。多めの3食の食事を6回に分けるということだ。その場合も、毎回、タンパク質を多めにバランスのいいメニューが求められることに変わりはない。

小分けに食べることで、エネルギー不足による筋肉の減少を防ぎ、また筋肥大を最大化させることができると考えられる。試してみて自分に合っていると思えば実践するといいだろう。

サイエンス・アイ新書
SIS-387

http://sciencei.sbcr.jp/

正しい筋肉学
メリハリある肉体美を作る理論と実践

2017年9月25日　初版第1刷発行

著　者	岡田隆（おかだたかし）
発行者	小川淳
発行所	SBクリエイティブ株式会社
	〒106-0032　東京都港区六本木2-4-5
	電話 ：03-5549-1201（営業部）
編集制作	株式会社コパニカス
デザイン	山崎剛
写真	大垣善昭
イラスト	浜中せつお
モデル	今林真澄／寺田健太郎／桃杏める
装丁	渡辺縁
印刷・製本	株式会社シナノパブリッシングプレス

乱丁・落丁本が万が一ございましたら、小社営業部まで着払いにてご送付ください。送料小社負担にてお取り替えいたします。本書の内容の一部あるいは全部を無断で複写（コピー）することは、かたくお断りいたします。本書の内容に関するご質問等は、小社科学書籍編集部まで必ず書面にてご連絡いただきますようお願いいたします。

©岡田隆　2017　Printed in Japan　ISBN 978-4-7973-8898-5